HOPKINS
A BELEZA DIFÍCIL

Signos 20

Coleção Signos	Dirigida por Haroldo de Campos
Supervisão Editorial	J. Guinsburg
Assessoria Editorial	Plinio Martins Filho
Capa e Aberturas Internas	Augusto de Campos (a partir de foto de Hopkins e caligrama árabe, século VII-VIII, e caligrama gótico alemão do escriba Wolfgang Fuggen, século XVI)
Projeto Gráfico	Adriana Garcia
Produção	Ricardo W. Neves

HOPKINS
A BELEZA DIFÍCIL

introdução e traduções de

AUGUSTO DE CAMPOS

EDITORA PERSPECTIVA

Copyright © Editora Perspectiva,

Dados Internacionais de Catalogação na Publicação (CIP)
(Câmara Brasileira do Livro, SP, Brasil)

Hopkins, Gerard Manley, 1844-1889.
Hopkins : a beleza difícil / introdução e traduções
de Augusto de Campos. -- São Paulo : Perspectiva,
1997. – (Signos ; v. 20)

ISBN 85-273-0106-7

1. Hopkins, Gerard Manley, 1844-1889 2. Hopkins,
Gerard Manley, 1844-1889 – Crítica e interpretação
3. Poesia inglesa I. Campos, Augusto de, 1931-
II. Título. III. Série.

97-1801   CDD-821.09

Índices para catálogo sistemático:

1. Poesia : Literatura inglesa : História e crítica
821.091

Direitos reservados à
EDITORA PERSPECTIVA S.A
Av. Brigadeiro Luís Antônio, 3025
01401-000 – São Paulo – SP
Fone: (011) 885-8388
Telefax: (011) 885-6878
1997

À memória de
José Geraldo Nogueira Moutinho
(1935–1991)

A memória de
José Geraldo Romeira Mannáko
(1935–1997)

SUMÁRIO

HOPKINS: A BELEZA DIFÍCIL – *Augusto de Campos* 13

POEMAS DE GERARD MANLEY HOPKINS 29

Heaven-Haven 30
Paragem-Paraíso 31

God's Grandeur 32
A Grandeza de Deus 33

The Windhover 34
O Falcão 35

The Lantern Out of Doors 36
Lanterna Externa 37

The Leaden Echo and the Golden Echo 38
O Eco de Bronze e o Eco de Ouro 39

[Carrion-Comfort] 44
[Cadáver-Consolo] 45

To seem the stranger lies my lot, my life 46
Ser estrangeiro é minha sina e vida 47

I wake and feel the fell of dark, not day 48
Desperto. Um travo dói, de treva, não de dia 49

No worst, there is none. Pitched past pitch of grief 50
Não, não, pior não há, dor mais dor do que a dor 51

Patience, hard thing! the hard thing but to pray 52
Ah, Paciência, Paciência é tão difícil! Pior 53

My own heart let me more have pity on 54
Meu coração carece apenas pena 55

Tom's Garland: upon the Unemployed 56
A Coroa de Tom: sobre os Desempregados 57

That Nature is Heraclitean Fire, and of the Comfort of the
  Resurrection 58
Da Natureza, Fogo Heraclitiano, e do Conforto da
  Ressurreição 59

Thou art indeed just, Lord, if I contend 62
Senhor, és justo, eu sei, mas se te ouso agora 63

To R. B. 64
A R. B. 65

Repeat that, repeat 66
Ecoa isso, ecoa 67

O NAUFRÁGIO DO DEUTSCHLAND 69

The Wreck of the Deutschland 70
O Naufrágio do Deutschland 71

OBRAS DE AUGUSTO DE CAMPOS 109

Tornei o escrever tão difícil – e a inspiração raramente veio.
(GERARD MANLEY HOPKINS)

Meu fácil me enfada. Meu difícil me guia.

*Quase todos os livros que eu estimo e absolutamente todos
os que me serviram para alguma coisa
são difíceis de ler.*
(PAUL VALÉRY, *Cahiers*)

*La beauté, "A Beleza é difícil, Yeats", disse Aubrey Beardsley,
Quando Yeats lhe perguntou porque ele desenhava horrores*
(EZRA POUND, *Canto LXXX*)

*Grande parte da minha música a partir de 1974
é extremamente difícil de tocar.
A superação das dificuldades.
Fazer o impossível.*
(JOHN CAGE, *The Future of Music*, 1979)

HOPKINS: A BELEZA DIFÍCIL

Gerard Manley Hopkins foi um *inventor*, e dos maiores, dentre aqueles que, ao longo do tempo, *à margem da margem*, revolucionaram a linguagem poética. Vivendo na Inglaterra, em plena era vitoriana, esse poeta de estranha personalidade, que se ordenou jesuíta e se confessava comunista[1], levou o verso a um grau de radicalização sintático-semântica só comparável ao dos mais ousados simbolistas franceses. Torceu a sintaxe em construções e inflexões inusitadas, criou neologismos e compósitos vocabulares sem precedentes, e inovou a métrica e o ritmo, até chegar à disciplina livre do seu *sprung rhythm* (ritmo saltado ou saltante, de pés variáveis e mesmo número de acentos – verso pré-livre). Remontando às origens da tradição anglo-saxônica e galesa, reabilitou a aliteração, a assonância e a paronomásia, erigindo tais recursos estilísticos em fatores privilegiados da estruturação do texto, com audácias antecipadoras da "harpdiscórdia" de James Joyce e do "ofício ou arte" sonorista de Dylan Thomas. Nesse sentido, alterou significativamente a tessitura prosódica, sendo, como Joyce e Thomas, um escritor para ser lido (ele assim o postulava) "mais com os ouvidos do que com os olhos", um poeta cujos textos ganham muito quando oralizados. De outra parte, o caleidoscópio de suas justaposições e intraposições vocabulares não deixa de remeter, em nível sinestésico, ao imaginário plástico, trazendo à mente as mosaicolagens dos azulejos de Gaudí no

---

1. Em carta a Robert Bridges (2/8/1871), Hopkins, já noviço da Sociedade de Jesus, afirmava: "Devo dizer-lhe que estou sempre pensando no futuro comunista. [...] Contudo, temo que uma grande revolução não esteja longe. Horrível dizê-lo, de certo modo eu sou um comunista. O ideal deles, excetuando algumas coisas, é mais nobre que o professado por qualquer estadista secular que eu conheça (devo admitir que vivo às cegos e atiro a esmo). Além disso, é justo. – Não quero dizer que os meios de atingi-lo o sejam. Mas é uma coisa terrível para a parcela maior e mais necessária de uma nação muito rica viver uma vida dura, sem dignidade, conhecimentos, confortos, prazer ou esperança no meio da fartura – uma fartura que eles constroem".

Parque Güell. *Music, the mosaic of the air*, pré-sintetizaria um poeta borroco seiscentista, o "metafísico" Andrew Marvell.

As experiências de interiorização reflexiva de Hopkins, ligadas à sua vivência religiosa – tornou-se jesuíta aos 33 anos – dão à sua poesia um registro incomum de dramaticidade (aquele *"pathos* terrível" vislumbrado em seus textos pelo amigo e também reverendo Richard Watson Dixon) e dele fazem um dos grandes poetas místicos de todos os tempos, ao lado dos de la Cruz (Soror Juana e San Juan)[2].

No plano estético, suas reflexões constituem um agudo e inventivo criticismo do fazer literário. Hopkins chega a achados inéditos como o conceito de *inscape* (*design* ou estrutura interna), "o reflexo exterior da natureza interna de uma coisa", correlacionado ao de *instress* (energia ou pulsão interna), expressões por ele cunhadas para identificar o processo de inter-relação entre criação e intuição. Para que se possa dimensionar a relevância de sua teoria e prática da poesia, basta assinalar que Roman Jakobson utilizou com freqüência idéias e concepções hopkinsianas, como a de "figura de som reiterativa" ou a de "paralelismo" (extraídas de cartas, diários e anotações do poeta), delas se servindo para formular as suas próprias análises estruturais do texto. Por isso mesmo refere-se a Hopkins como "lúcido pioneiro do mundo da poesia e da poética" e enfatiza a sua "prodigiosa compreensão da estrutura da poesia"[3].

Hopkins não conheceu a fama em vida. Nascido em Stratford, Essex, 1844, falecido em 1889, em Dublin, só teve sua obra divulgada em livro postumamente, a partir de 1918, pelo também poeta e amigo Robert Bridges, que não chegou, porém, a compreendê-la, tendendo a tomar por defeitos estilísticos as principais inovações do seu interlocutor.

---

2. Damaso Alonso, em estudo introdutório às suas traduções de Hopkins – que lamentavelmente renunciam a todas as características estilísticas do poeta – afirma: "Pense o leitor espanhol (ainda que a comparação seja imperfeita) em um Gôngora com a profundidade espiritual de San Juan de la Cruz, ou antes em um San Juan de la Cruz que tivesse escrito com as complexidades e riquezas de Gôngora". (Damaso Alonso, "Seis Poemas de Hopkins", em *Poetas Españoles Contemporoneos*, Editorial Gredos, Madrid, 1951, pp. 404-405).

3. Roman Jokobson, "Linguística e Poética", *em Linguística e Comunicação*, Cultrix, São Paulo, 1969, pp. 118-162. "Poesia della grammatica e grammatica della poesia", em *Autoritratto di un linguista*, Il Mulino, Bologna, 1987, pp. 83-135.

A reabilitação tomou força na década de 30, quando veio a lume a 2ª edição, revista, com introdução de Charles Williams, despertando o interesse de críticos como I. A. Richards, William Empson, F. R. Leavis, Herbert Read e de um lingüista do porte de Edward Sapir. A edição definitiva coube a W. H. Gardner, o grande estudioso e intérprete de Hopkins (3ª edição ampliada, da Oxford University Press, 1948, seguida, em 1967, de outra, ainda mais completa, com a coloboração de N. H. MacKenzie).

1. O "CRISTAL TERRÍVEL" DE HOPKINS

Em *Verso Reverso Controverso* (Perspectiva, 1978, 2ª ed. 1988), incluí a tradução de "The Leaden Echo and the Golden Echo"[4], fazendo-a acompanhar de um pequeno estudo, "Dos Poetas Bizarros a Hopkins", que buscava aproximar o poeta-jesuíta das matrizes barrocas e maneiristas. O poema é notável pela requintada ecolalia que responde ao título, mesclando assonância, aliteração e rima, e pelo ritmo icônico (que distende a linha até o limite do alento), em compasso com a reflexão sobre a efemeridade da beleza e da vida, caracterizando aquele "encontro nu de sensualidade e ascese"[5] que escandalizou o poeta Robert Bridges. Mais adiante, atendendo a uma sugestão do escritor José Geraldo Nogueira Moutinho, empreendi a versão de "The Wreck of the Deutschland" ("O Naufrágio do Deutschland")[6], longa e complexa composição de 35 estrofes – verdadeiro repositório do artesanato e da visão mística do poeta.

Paralelamente, arrisquei-me a verter alguns dos sonetos da última fase, nos quais ele adota uma linguagem mais severa e menos rutilante

---

4. A tradução estrita seria "O Eco de Chumbo e o Eco de Ouro", mas "bronze", sem deixar de marcar uma hierarquia semântica, diminui o abismo fônico entre "chumbo" e "ouro", considerada a ressonância interna que solidariza os vocábulos "leaDEN" e "golDEN", uma *qualitas* que se perde na versão literal e que me parece indispensável recuperar na recriação desse poema dos ecos.

5. A expressão é de Bridges, e como outras de sua lavra, citadas a seguir, pertence ao prefácio e às anotações da primeira edição das obras de Hopkins que organizou em 1918.

6. Publicada na *Revista da USP* n° 4 (dezembro / fevereiro 1989 / 90), da Universidade de São Paulo, acompanhada do estudo "A Harpdiscórdia de Hopkins".

e, às vezes, métrica regular. Exemplos nem por isso menos significativos da altíssima obra do poeta. Foi ainda Robert Bridges quem denominou, apropriadamente, de "terríveis" a esses sonetos, produzidos entre 1885 e 1889. Com o mesmo adjetivo qualificaria a sua poesia o já citado Richard Watson Dixon, que encontrava em seus versos "um *pathos* terrível – algo que se poderia chamar de têmpera em poesia; uma têmpera direta, que chega ao limite do terrível: o cristal terrível"[7].

Aqui, em âmbito acentuadamente conceitista, atinge grau mais intenso e mais nítido contraste o claro-escuro das contradições do imaginário de Hopkins – a luta, assinalada por Gardner e já entrevista por outros críticos, entre "um jesuíta-Jekyll e um hedonista-Hyde", que dá à sua experiência espiritual um condimento de realidade e concretude raramente encontrável na poesia mística e religiosa de todos os tempos[8].

O desejo de compartilhar da aventura hopkinsiana e a paixão que me suscitou o seu experimentalismo poético induziram-me a continuar a expandir minhas versões, a contrapelo dos que acreditam impossível traduzir os valores artísticos dos textos de Hopkins, como Damaso Alonso e alguns dos mais devotos estudiosos do poeta inglês, entre os quais Jean-George Ritz, que chega a sentenciar: "Traduire Hopkins! Impossible gageure!" ("Traduzir Hopkins! Desafio impossível").

Hopkins privilegia a paronomásia e as aliterações, fratura a sintaxe, elimina conectivos e intercala palavras e frases em inusitadas construções tméticas, cria vocábulos e compostos vocabulares, tudo convergindo para uma presentificação textual que corresponde ao máximo à experiência sensorial e intelectual que o poeta vivencia. Seus poemas, mesmo aqueles a que o *sprung rhythm* dá grande flexibilidade rítmica, obedecem a esquemas formais rigorosos, freqüentemente derivados da disciplina do soneto. Traduzi-lo sem rematerializar a sua complexa elaboração formal é anular a sua personalidade, reduzi-lo à vala comum, assassinar o poeta.

---

7. W. H. Gardner, *Gerard Manley Hopkins – A Selection of his Poems And Prose*, Londres, Penguin Books, 1953, p. XXIX.

8. Minhas primeiras traduções de alguns dos sonetos "terríveis" foram publicadas na *Folha de São Paulo* ("Letras"), de 16-12-89. Acompanhava-as um pequeno estudo com o título *Três Sonetos "Terríveis"* de Hopkins, que as malventuras da copidescagem periodística vulgarizaram em *Conheça Três Sonetos Terríveis de Hopkins*...

O meu trabalho não barateia, a nenhum pretexto, a arte difícil de Hopkins. Tem mesmo, deliberadamente, o sentido de uma reparação e o propósito de reconstituir, em português, a imagem do poeta mutilado e defraudado, em muitos idiomas, por versões imperitas.

Não pretendo me alongar na exegese dos seus textos. Há, hoje, evidentemente, farta literatura especializada sobre o poeta. O leitor interessado encontrará bom repositório de informações e glossários específicos na já referida seleção poética da Penguin Books, a cargo do grande especialista, W. G. Gardner, uma edição bastante acessível, que contém, além de excelente introdução, explicações e notas do organizador. Também as antologias de Augusto Guidi (italiana) e Jean-Georges Ritz (francesa) são acompanhadas de ensaios e anotações bastante esclarecedores[9].

Uma primeira seleção das minhas traduções de Hopkins foi publicada em 1991 pela Editora Noa Noa, de Florianópolis, sob o título *Hopkins: Cristal Terrível*, excluindo os poemas "The Leaden Echo and the Golden Echo", já publicado em *Verso Reverso Controverso*, e "The Wreck of the Deutschland", que, pela extensão, não cabia nos moldes da coletânea, impressa manualmente por Cleber Teixeira. A presente edição incorpora também esses poemas, reunindo num só volume todas as minhas recriações dos textos de Hopkins.

Aqui se encontram desde o delicado poema de juventude "Heaven-Haven" (1864), que oculta sutis complexidades sonoras sob a aparente singeleza, até alguns dos principais poemas da maturidade. Dos esplendorosos sonetos místico-panteístas "God's Grandeur" e "The Windhover" ao crítico-participante "Tom's Garland", sobre os desempregados – alegoria barroca da injustiça social; e deste ao surpreendente "That Nature is a Heraclitean Fire...", que combina os filosofemas de Heráclito sobre as conversões do fogo à consideração da fragilidade humana e à visão reparadora da Ressurreição de Cristo – filosofia da natureza e misticismo – em imprevisto amálgama temático. Da serena meditação sobre a morte no soneto "The Lantern out of Doors" à de-

---

9. Gerard Manley Hopkins, *Poesie e Prose Scelte*, aos cuidados de Augusto Guidi, Parma, Guanda Editore, 1ª ed. 1942, nova edição revista, 1987. G. M. Hopkins, *Poèmes*, tradução, introdução e notas de Jean-Georges Ritz, Paris, Aubier-Montaigne, 1980.

sesperada solidão e à amarga melancolia dos sonetos "terríveis", e destes ao meta-soneto sombreado de auto-ironia dedicado a Robert Bridges, "R. B.", síntese do fazer poético de Hopkins. O fragmento final, encontrado incompleto entre os manuscritos do poeta, é um registro epifânico de amor à natureza, digno da mais bela égloga de Virgílio. Pois se o pastor virgiliano "ensina docemente a selva a ressoar: Amarylis" (...*formosam resonare doces Amayllida silvas*), com Hopkins "toda a paisagem nasce de súbito a um som" (*the whole landscape flushes on a sudden at a sound*).

Vale notar que, com exceção de "Heaven-Haven", "The Leaden Echo" e "Repeat that, repeat", e, obviamente, de "The Wreck of the Deutschland", todas as composições são sonetos, mesmo quando não pareça à primeira vista, como é o caso de "Tom's Garland" e "That Nature is a Heraclitean Fire..." Nestes, os tercetos são expandidos, ganhando mais dois ou três apêndices ("codas"). São composições de estrutura formal rigorosa – rigor que procuro acompanhar de perto.

No que tange aos problemas rítmicos, meu critério é manter ao máximo a disciplina do original na construção, adaptando, porém, a estrutura à maior extensão e vocalização das palavras em nossa língua. Assim, os decassílabos regulares são geralmente convertidos em dodecassílabos, preferentemente alexandrinos, os quais num ou noutro caso podem adquirir mais duas sílabas ou receder ao decassílabo, unificados sempre pela tônica incidente sobre a 6ª sílaba. O próprio Hopkins mescla, em momentos de intensificação rítmica, o *sprung rhythm* ao verso regular (como em "The Lantern Out of Doors"). Eu o acompanho nessas surtidas rítmicas e mantenho o mesmo número de acentos nos respectivos "versos saltantes". Procuro, também, respeitar os encadeamentos rítmicos e trabalhar com rimas raras, evitando soluções fáceis, adjetívicas.

Meu lema é não deixar sem resposta as proezas sonoras do original. Quando literalmente inviáveis, invento outras. Dou aqui alguns exemplos, para melhor ilustrar o processo do meu trabalho:

a) Paronomásias

O título do poema *Heaven* (Céu)-*Haven* (Porto), vertido por *Paragem-Paraíso*. A tradução busca reconstruir em português o vínculo paronomástico entre os vocábulos, respeitando o clima semântico do original. Às cadeias paronomástico-aliterativas *fail, fields, flies, few lilies e swell, swing, sea*, e aos pares contrastantes *springs* X *fail, fields/ flies* X *sharp/sided* respondo com as parelhas vocabulares *lírios/olhar, falte fonte, grasse gelo, verde vaga, porto pouse* e as inter-ressonâncias de outras palavras do texto (*fonte/bifronte, clamor do mar, só lírios/ silente*, etc).

b) Aliterações

À seqüência insubstituível de pares sonoros da última linha de "God's Grandeur" (*World broods with warm breast and wish ah! bright wings*) lanço um jorro de "aa" aliterativos para alçar em português o vôo hopkinsiano: ...*com alma ardente abre ah! a alva asa.*

No final do soneto "Thou art indeed just, Lord...", o impasse aliterativo de *Mine, O thou lord of life, send my roots rain* é resolvido numa chuva consonântica de "rr", mantidas a área semântica e o *pathos* do original: *Minhas, Senhor, de mim, ruins raízes rega.*

c) Tmeses

No rede(e a um só consolo serve)moínho (do soneto "Não, não, pior não há..."). A construção não existe, como tal, no verso correspondente. Mas vamos encontrá-la em outros passos de Hopkins: *Windlilylocks-laced* ("Harry Ploughman"); *Brim, in a flash, full* (estrofe 8 de "The Wreck of the Deutschland", que traduzi por *Trans, luz, borda*; *Miracle-in-Mary-of-Flame* (estrofe 34 do mesmo poema), ou seja, *Milagre-em-Maria-de-Flama*. Responder a Hopkins com mais Hopkins.

d) Rimas-Enjambement ou Rimas-Fraturas

Soluções como *King-/dom* ("The Windhover"), *wear-/y* ("To seem the stranger..."), *smile/'s* ("My own heart..."), *ling-/ering* ("No worst..."), *air-/built* ("That Nature is a Heraclitean fire...") encontram correspondência em outras tantas em meus textos: *amor-/tecido* ("A Grandeza de Deus"), *jar-/dim, ar-/dor* ("O Falcão"), *Desesper-/o, abateu s-/obre* ("Cadáver-Consolo"), *s-/ócio* ("Ser estrangeiro..."), *cor-/o, re-/morso*

("Não, não, pior não há..."), *aspira-/ção* ("A Coroa de Tom") *res-/plende* ("Da Natureza, Fogo Heraclitiano..."), *tece-/a* ("Senhor, és justo, eu sei...").

e) Palavras-Compostas

Mesmo um sintagma simples como *black-hour* pode converter-se em sousandradino *horas-negror*, se a invenção textual o sugere, no espírito da técnica compositiva de Hopkins. Montagens e aliterações respondem às provocações dos poemas, nem sempre palavra a palavra. Entram na circulação sangüínea dos textos:

> I am gall, I am heartburn. God's most deep decree
> Better would have me taste, my taste was me.
>
> (Sou câncer-coração, sou fel. Pois Deus me deu
> O dom de em mim provar meu mal. Meu fel fui eu.)

Enfim, cuido de encontrar homologias plástico-verbais em nossa língua, inspirado nas premonições de Sousândrade, com o qual o poeta inglês apresenta mais de uma afinidade, conforme demonstramos Haroldo e eu em *ReVisão de Sousândrade*. Estabelecer um diálogo intertextual ousado, crítico e sensível, com a poesia de Hopkins. Quebrar a língua. Subverter para converter.

2. "THE WRECK OF THE DEUTSCHLAND", O DRAGÃO DA POESIA

"O Naufrágio do Deutschland" foi motivado por um fato real, o desastre marítimo do navio "Deutschland", que saiu do porto de Bremen com destino à América e encalhou num banco de areia, na foz do Tâmisa, durante uma tempestade, em dezembro de 1875, fazendo muitas vítimas, entre as quais cinco freiras da Ordem de São Francisco, exiladas na Alemanha.

Oriundo de família anglicana, o poeta se convertera ao catolicismo e, ao assumir o noviciado em 1868, decidiu queimar todos os seus versos e renunciar à poesia. Rompendo um silêncio de sete anos, o poema se inscreve no pórtico das composições da maturidade do poeta, para aturdimento do primeiro editor, Robert Bridges, para quem "The Wreck of the Deutschland" "se encontra "lógica, e tamém cronologicamente, à frente do seu livro como um enorme dragão enrodilhado no portal para impedir a entrada"...

Trata-se, na verdade, de uma extraordinária composição, um compêndio de todas as técnicas do poeta, e a mais completa exposição do seu visionarismo místico.

O poema se divide em duas partes, a primeira com 10 e a segunda com 25 estrofes. São 35 oitavas hetero-rítmicas, que obedecem ao sistema que o autor denomina de *sprung rhythm* – uma modalidade de ritmo acentual, em que os pés são formados por uma tônica seguida (ou não) de um número indefinido de átonas (em geral até quatro), permitindo uma grande variedade de comprimento de versos silábicos, mantida, pela acentuação, a equivalência do ritmo. Aqui, o desenho rítmico das estrofes é o seguinte, por número de acentos em cada linha: 2-3-4-3-5-5-4-6, na primeira parte, com uma pequena variante das estrofes na segunda parte, onde a primeira linha tem 3 acentos, assim como a segunda e a quarta. As rimas mantém o esquema A-B-A-B-C-B-C-A, sem contar as internas, de que Hopkins faz uso abundante. O rimário é rico, e até incomum, não apenas pelas ressonâncias internas, como pelos soluções de rima-montagem, que chegam a incorporar a primeira consoante do verso seguinte: *leeward*, com *drewed her/D*, na estrofe 14, *rest of them*, com *breast of the/M* e *Providence*, com *of it and/S*, na estrofe 31.

O repertório de transgressões lingüísticas de Hopkins é enorme. Elisões de pronomes e verbos, deslocamentos sintáticos, interpolações interjetivas, intraposições tméticas, cadeias de compostos neológicos. Na faixa sonora, aliterações, paronomásias, rimas internas – uma linguagem de acordes e dissonâncias vocabulares, de sons e de ruídos, em que as palavras percutem ou repercutem umas nas outras dentro da estrofe, como bem exemplifica a de n. 8, onde sobressai internamente, e independente das rimas, a cadeia de vocábulos *lash - lush - plush - flesh - gush - flush - flash*, que reverbera ainda nas formações compósitas *lush-kept plush-capped*, ou *best or worst / word last / last of first* em ziguezague sonoro. Pares interaliterantes são criados à maneira da antiga poesia galesa, e do seu *cynghanedd,* "um elaborado sistema de aliteração e rima interna", segundo esclarece W. H. Gardner: *Warm-laid grave of a womb-life gray* (estrofe 7)[10], vertido em minha tradução por *Tumba casulo-cálida de uma triste ventre-vida.* As aliterações sobrecarregadas lembram a prática da poesia original anglo-saxônica, que Pound revivificou na sua versão de "The Seafarer", ou a poesia medieval dos "Middle Scots Poets", como Henryson ou Dunbar: *O duilfull death! O dragon dolorous!!*

Como acentua F. R. Leavis, em seu pioneiro estudo a respeito da poesia de Hopkins, "suas palavras e frases são ações tanto quanto sons, idéias e imagens, e devem ser lidas tanto com o corpo como com o olho". É do mesmo crítico a observação sobre "The Wreck of the Deutschland":

> Este poema foi o seu primeiro experimento ambicioso, e é o mais interessante, na medida em que seus recursos técnicos são desenvolvidos numa grande extensão: a associação da pulsão interior, espiritual e emocional com reverberações físicas, tensões nervosas e musculares que caracteriza o seu melhor verso é aqui explicitamente elaborada na descrição de uma tempestade que é ao mesmo tempo a descrição de um drama interior[11].

A compressão sintática, aliada à ênfase na materialidade dos vocábulos, dá, efetivamente, ao poema o caráter de uma experiência viva, física, imediata, tanto no que concerne ao evento propriamente dito (ver as estrofes 13 a 17 que descrevem os embates do navio em meio à borrasca e a morte do marinheiro que tenta salvar alguns náufragos) como à tensão psicológica que envolve o poeta, como se pode perceber desde as primeiras estrofes, nas quais detalhes bio-orgânicos (ossos, veios, diafragma) são trazidos ao primeiro plano, assim como as sensações de vôo e vertigem (estrofes 2 e 4). Na estrofe 8, o sensualismo do paladar é explorado não só em quase-onomatopéias gustativas, mas através de uma cadeia de *enjambements* e pausas, a partir da estrofe 7, cuja última linha surpreendentemente vai desembocar na seguinte, após um corte abrupto. Outro exemplo desse isomorfismo experiência-expressão está na estrofe 28, em que o poeta justapõe frases entrecortadas, multiplicando o suspense, para descortinar, pouco a pouco, a visão de Cristo.

---

10. W. H. Gardner, *op. cit.,* pp. 243-244.
11. F. R. Leavis, *New Bearings in English Poetry,* Chatto & Windus, London, 1932 (nova edição, 1950), pp. 159-193.

Mas o poeta usa também o recurso da metáfora, à maneira dos poetas "metafísicos" (como assinala ainda Leavis), combinando conceito, imagem e som numa das mais belas estrofes da composição, a de n. 4: *I am soft sift / In an hourglass* ("Sou suavemente filtrado / Numa ampulheta" – em tradução literal, ou "Eu sou só pó / De uma ampulheta", na minha tentativa de recriação. É este também o caso da estrofe inicial da segunda parte (n. 11), que introduz bruscamente a fala da Morte, numa seqüência de comparações substantivas e aliterantes: *Some find me a sword; some / The flange and the rail; flame, / Flang, or flood goes Death on drum* (ou: "Uns me chamam alfange, / Ou roda ou trilho; flama, / Farpa ou fiagelo, a Morte range").

Em *ReVisão de Sousândrade*, a propósito da técnica de palavras-compostas e palavras-metáfora do revolucionário poeta maranhense, e de suas afinidades com as criações hopkinsianas, Haroldo de Campos e eu examinamos em detalhe os vários tipos de construções forjadas pelo poeta inglês, que vão das tomadas cromático-"imagistas" como *gold-vermilion*, passando por agregações semilexicalizadas (*quickgold*, proveniente da lexicalizada *quicksilver*). A compostos inéditos como *martyr-master* (estrofe 21 do nosso poema), e cada vez mais complexos, como *dapple-with-damson west* (estrofe 5), que verti por "milmanchado oriente". As justaposições podem formar longas cadeias, em que blocos de sintagmas se reduzem a uma só unidade, como na linha *the rolling level underneath him steady air*, onde as palavras que antecedem o substantivo *air* funcionam como adjetivo. As construções tméticas como *Brim, in a flesh, full!* (estrofe 8), ou "Trans, luz, borda!", unem-se às aliterações e às palavras compostas para chegar a formações de grande complexidade, como ocorre na estrofe 34 com as linhas *The heaven-flung, heart-fleshed, maiden-furled / Miracle-in-Mary-of-flame / Mid-numbered He in three of the thunder-throne!* ("Céu-posto, coração-carnato, virgencasulado / Milagre-em-Maria-de-flama / Dois-numerado Ele em três do trovão-trono!"). Comenta W. H. Gardner:

> A segunda linha contém uma tmese: "milagre-de-flama *em Maria*" é reestruturado de modo que a posição de "em Maria" sugere o encasulamento da criança na mãe e também que a própria Maria é parte intrínseca do milagre. Registre-se ainda que todas

as palavras antes e depois de "Ele" constituem uma descrição caracterizadora de Cristo, Segunda Pessoa da Santíssima Trindade[12].

Sublinhando o caráter de funcionalidade das elipses e condensações radicais do poeta, Charles Williams, o organizador da 2ª edição da obra, destaca a linha *Thou hast bound bones and veins in me, fastened me flesh* ("Ligaste ossos e veias em mim, carne criaste-/Me"), da 1ª estrofe, na qual a apreensão intensa do tema fornece duas ou mais palavras necessárias quase ao mesmo tempo", concluindo:

> É como se a imaginação, procurando expressar-se, tivesse encontrado verbo e substantivo simultaneamente num mesmo impulso, e começado quase que a dizê-los de uma só vez, e os tivesse separado unicamente porque o intelecto convertera a unidade originária em sons divididos, embora relacionados[13].

É essa tensão entre linguagem e paixão que está na base de suas palavras compostas, de suas tmeses e de seus conglomerados sonoros, verdadeiros *clusters* vocabulares. Todas essas práticas atendem a um impulso de isomorfismo (fusão de forma e conteúdo) e de iconização (contaminação do signo verbal pelo referente) à procura de maior identificação com a experiência, rompidas, se necessário, as amarras da sintaxe convencional e do "decoro" lingüístico. *Instress* em busca de *inscape*.

Para o padre-poeta, o naufrágio é uma alegoria da condição humana, uma parábola que mostra o homem questionando a vida e a morte e encontrando na fé a redenção do sofrimento, sob a inspiração do sacrifício de Cristo. A primeira parte do poema é dedicada à meditação do autor sobre a sua própria experiência de revelação mística. A segunda, que se inicia com a dramática alocução da Morte *in persona*, é reservada à descrição do naufrágio e ao exemplo edificante da "alta sóror que ora", assumindo a expiação; o naufrágio é também um signo paradoxal da grandiosidade divina, e o poema termina com um hino em louvor a

---

12. W. H. Gardner, *op. cit.*, p. XXXIV. Augusto e Haroldo de Campos, *ReVisão de Sousândrade* (1ª edição, 1964), 2ª edição revista e aumentada, Nova Fronteira, Rio de Janeiro, 1982, pp. 102 a 105.
13. Charles Williams, *Poems of Gerard Manley Hopkins* (com notas de Robert Bridges), Oxford University Press, Londres, 1944 (edição original 1930), p. XI.

Deus e um pedido à freira afogada, em prol da conversão da Inglaterra. São freqüentes as alusões, mais ou menos crípticas, a personagens ou símbolos religiosos: *Gertrude* (estrofe 20) é o nome de uma santa do século XIII que morou em Eisleben, cidade natal de Lutero; cinco (estrofes 22-23) é o número de freiras mortas e também o das chagas de Cristo e o dos estigmas recebidos por São Francisco numa visão; a estrofe 25 refere-se à conduta dos apóstolos no episódio da tempestade no lago de Genesaré; a estrofe 30 alude à festa da Imaculada Conceição (8 de dezembro), relacionada ao dia do naufrágio. Emblemas e estilemas do credo esposado pelo poeta.

Mas como ocorre com a obra de todos os grandes artistas religiosos, o que sobreleva aqui é a qualidade estética, a par da capacidade de dar forma à emoção e à angústia do homem diante da morte, de flagrar um momento pregnante da vida, em sua fragilidade e em seu mistério. É isso que permite a Hopkins despertar a empatia do leitor, independentemente de qualquer adesão às suas concepções religiosas. Para tanto contribui, por certo, a fusão incomum de espiritualidade e sensualidade que caracteriza a poesia de Hopkins. As palavras pulsam, sensorializadas, no "encontro nu de sensualidade e ascese" detectado negativamente por Bridges, projeção da patética *discordia concors* do temperamento barroco do poeta[14]. Veraz com a sua experiência, fiel aos sons e ruídos do seu conflito interno, foi com todas as dissonâncias que Hopkins desafinou o coro do decoro vitoriano para ingressar na modernidade.

A minha incursão no "Naufrágio" tem uma história própria. Em 1983, o escritor José Geraldo Nogueira Moutinho me enviou cópias de duas traduções de "The Wreck of the Deutschland" e respectivos comentários – a de Augusto Guidi ("Il Naufragio del Deutschland", de *Poesie di G. M. Hopkins*, Parma, Guanda Editore, 1952) e a de Pierre Leyris (*Le Naufrage du Deutschland*, Paris, Seuil, 1964) – ambos, traba-

---

14. "Esse 'encontro nu de sensualidade e ascese' que ofendeu a reverência oitocentista de Robert Bridges descreve excelentemente as metáforas de Hopkins, que, combinando Pater [Walter] e piedade, fez concordâncias discordes do céu e da terra." (William York Tindall, *Forces in Modern British Literature*, 1885-1946, Alfred A. Knopf, Nova York, 1947, p. 214).

lhos respeitáveis, embora sem grandes aspirações criativas, dois autênticos *wrecks* tradutórios, escrevia o crítico, sugerindo-me que tentasse, por meu turno, uma versão do poema. Por mais de uma vez iniciei o projeto, para logo desistir, vencido – *soft sift* – pelas dificuldades formais da composição. Finalmente, no ano do centenário da morte do poeta – até então só lembrado entre nós pelo próprio Moutinho, com o artigo "G. M. Hopkins, Padre e Poeta", publicado no periódico *Letras e Artes* n. 4 (Rio de Janeiro, 4-8-89) –, retornei ao "Naufrágio" e consegui aprofundar o trabalho e terminá-lo. A retomada dessa tradução, suscitada pelo amigável desafio de Moutinho, a par das outras que empreendi, por essa época, deu-me ensejo a uma breve mas apreciável correspondência com o fino intelectual que era Nogueira Moutinho. Guardo com carinho as cartas em que ele comentava, com lucidez e generosidade, as traduções que eu ia-lhe enviando. A ele dediquei, como agora dedico todo este livro, a recriação de "The Wreck of the Deutschland", estampada na *Revista da USP*. Moutinho não chegou a ver, no entanto, a edição da Noa Noa (*Hopkins: Cristal Terrível*). Terminada de imprimir no verão de 1991, seus primeiros exemplares vieram ter às minhas mãos poucos dias após o falecimento do crítico e poeta. Morreu, aos 56 anos, em 6 de maio, rapidamente esquecido, num "tempo de pobreza" em que a "beleza difícil" da poesia foi trocada por sucedâneos sacarídeos, e o jornalismo literário, que José Geraldo praticava com tanta altaneria e sensibilidade, desceu a níveis tão pouco elevados. Sua última carta, de 20-2-91, trazia uma resenha do *Times Literary Supplement* sobre uma nova edição – a 5ª –, *The Poetical Works of Gerard Manley Hopkins*, organizada por Norman H. MacKenzie (Oxford, Clarendon Press, 1990). Feita com rigorosa inspeção e colação de manuscritos, cópias e variantes, e o suporte técnico de um *Infra-red Image Converter*, capaz de distinguir entre diversas tintas, esta pretendia ser a mais completa e fiel edição das obras poéticas do jesuíta.

 Além das duas versões enviadas por Moutinho, consultei ainda, para a tradução de "The Wreck of the Deutschland", a de Jean-Georges Ritz (*Poèmes*, Aubier, Paris, 1980). Mais tarde, também a de Salvador Elizondo (revista *Vuelta*, n. 25, México, dezembro de 1978). Todas elas, ademais dos estudos referidos no curso desta introdução, e da bela leitura de Cyril Cusack, gravada pela Caedmon Records (CDL

51111, 1972), ajudaram-me a compreender e interpretar o poema. Ao contrário, porém, dos meus predecessores, que expressa ou implicitamente excluem a possibilidade de reproduzir a estilística de Hopkins em seus ensaios de tradução, optei por tentar recriar em português as infrações e as invenções lingüísticas do poeta, inclusive o ritmo acentual – o *sprung rhythm*. O resultado pareceu-me, no mínimo, ter o valor de um estudo artístico de formas e dicções poéticas, que imagino rico e instigante na medida em que pode expandir além-fronteiras os supostos limites ou limitações do idioma. É claro que – como um ator que desempenha o seu papel – assumi uma *persona* e me deixei contagiar pela generosa paixão e compaixão do poeta, colocando entre parênteses as reservas do meu agnosticismo. Aqui se requer, necessariamente, uma *suspension of disbelief*. A frio, não creio que conseguiria levar a cabo empreendimento tão exigente e esgotante: enfrentar "o dragão doloroso" da poesia de Hopkins.

Como acentuei, antes, a sua linguagem passa, em minha leitura-interpretação, pela linguagem de Sousândrade. Em outras palavras: traduzo muitas vezes Hopkins em sousandradês – um achado a que fui naturalmente induzido pelas analogias do discurso entre os dois, ambos poetas-inventores e contemporâneos. O leitor familiarizado com a linguagem do poeta maranhense há de encontrar ecos e toques de Sousândrade na formulação de muitos compostos e na elaboração da estrutura sintática. Como Sousândrade, Hopkins propôs uma "insurreição" sonora: "Ele afinou as cordas de sua harpa / Nos tons que ele somente e a sós escuta" (*Guesa*, Canto V)[15].

3. CODA

A proposta, em suma, é de construir, a partir de Hopkins, poemas legíveis em português – belos e complexos poemas, que querem res-

---

15. Em *ReVisão de Sousândrade* (p. 79), transcreve-se por inteiro o trecho – quatro quadras – a que pertencem estes versos, autêntico manifesto da "inssurreição" sousandradina, no qual o poeta postula que se leiam "letras sestras", também quando "fora das leis", e pede que se incorporem aos "belos *sons* da orquestra" os "*gritos*, que estão na natureza", "desacordes... mas selvagens de pureza". Uma reivindicação que agradaria a John Cage, em nossos tempos...

ponder à arte com mais arte. Poemas que não precisem de desculpas nem peçam perdão por existirem. Forma. "A técnica é o teste da sinceridade" (Pound, "le Grand Translateur"). Alma. A transmigração de que fala Borges a propósito de Fitzgerald e Omar Khayyam. Forma e alma. Esta é a meta. Tradução-arte. Conversa entre poetas. O resto é prosa.

POEMAS

DE

GERARD MANLEY HOPKINS

HEAVEN-HAVEN
A nun takes the veil

    I have desired to go
        Where springs not fail,
To fields where flies no sharp and sided hail
        And a few lilies blow.

    And I have asked to be
        Where no storms come,
Where the green swell is in the havens dumb,
        And out of the swing of the sea.

PARAGEM-PARAÍSO
Uma noviça toma o véu

Quis ir para um lugar
    Onde não falte fonte,
Nem grasse gelo áspero e bifronte;
    Só lírios para olhar.

Pedi para ficar
    Onde o vento não ouse,
Silente, a verde vaga ao porto pouse;
    Longe, o clamor do mar.

(1864)

GOD'S GRANDEUR

The world is charged with the grandeur of God.
  It will flame out, like shining from shook foil;
  It gathers to a greatness, like the ooze of oil
Crushed. Why do men then now not reck his rod?
Generations have trod, have trod, have trod;
  And all is seared with trade; bleared, smeared with toil;
  And wears man's smudge and shares man's smell: the soil
Is bare now, nor can foot feel, being shod.

And for all this, nature is never spent;
  There lives the dearest freshness deep down things;
And though the last lights off the black West went
  Oh, morning, at the brown brink eastward, springs –
Because the Holy Ghost over the bent
  World broods with warm breast and with ah! bright wings.

A GRANDEZA DE DEUS

A grandeza de Deus o mundo inteiro a admira.
    Em ouro ou ouropel faísca o seu fulgor;
    Grandiosa em cada grão, qual limo em óleo amortecido. Mas por que não temem sua ira?
Gerações vêm e vão; tudo o que gera, gira
    E gora em mercancia; em barro, em borra de labor;
    E ao homem mancha o suor, o sujo, a sujeição; sem cor
O solo agora é; nem mais, solado, o pé o sentira.

E ainda assim a natureza não se curva;
    Um límpido frescor do ser das coisas vaza;
E quando a última luz o torvo Oeste turva
    Ah, a aurora, ao fim da fímbria oriental, abrasa –
Porque o Espírito Santo sobre a curva
    Terra com alma ardente abre ah! a alva asa.

(1877)

THE WINDHOVER
To Christ our Lord

I caught this morning's minion, king-
    dom of daylight's dauphin, dapple-dawn-drawn Falcon, in his riding
    Of the rolling level underneath him steady air, and striding
High there, how he rung upon the rein of a wimpling wing
In his ecstasy! then off, off forth on swing,
    As a skate's heel sweeps smooth on a bow-bend: the hurl and gliding
    Rebuffed the big wind. My heart in hiding
Stirred for a bird, – the achieve of, the mastery of the thing!

Brute beauty and valour and act, oh, air, pride, plume, here
    Buckle! AND the fire that breaks from thee then, a billion
Times told lovelier, more dangerous, O my chevalier!

    No wonder of it: sheer plod makes plough down sillion
Shine, and blue-bleak embers, ah my dear,
    Fall, gall themselves, and gash gold-vermilion.

O FALCÃO:
A Cristo Nosso Senhor

Vi de manhã o dom do dia em seu jar-
   dim diáfano, delfim de luz, Falcão dia-dilúcido-dourado, cavalgando
   O rio-rolante – sob seu ser – raro ar, e já se alçando
Mais alto, como revoou com rédea de asa a ondear
No seu êxtase! além e alado em pleno ar-
   dor e ainda além, patim na pista em arco; e quando
   O voar venceu o grande vento. O coração pulsando
Por uma ave – o perfazer, a perfeição da coisa no ar!

Beleza bruta, ação, valor, oh, ar, orgulho, por inteiro
   Rendam-se! E a chama que de ti centelha
Bilhões de vezes a mais bela e perigosa, ó Cavaleiro!

   Sem maravilha: é a mão que faz no rego a relha
Brilhar, e a brasa álgida-azul, meu caro companheiro,
   Cai, rói, corrói e sangra, ouro-vermelha.

(1877)

THE LANTERN OUT OF DOORS

Sometimes a lantern moves along the night,
  That interests our eyes. And who goes there?
  I think; where from and bound, I wonder, where,
With, all down darkness wide, his wading light?

Men go by me whom either beauty bright
  In mould or mind or what not else makes rare:
  They rain against our much-thick and marsh air
Rich beams, till death or distance buys them quite.

Death or distance soon consumes them: wind
  What most I may eye after, be in at the end
I cannot, and out of sight is out of mind.

Christ minds; Christ's interest, what to avow or amend
  There, éyes them, heart wánts, care haúnts, foot fóllows kínd,
Their ránsom, théir rescue, ánd first, fast, last friénd.

LANTERNA EXTERNA

Uma lanterna move-se na noite escura,
   Que às vezes nos apraz olhar. Quem anda
   Ali? – medito. De onde, para onde o manda
Dentro da escuridão essa luz insegura?

Homens passam por mim, cuja beleza pura
   Em molde ou mente ou mais um dom maior demanda.
   Chovem em nosso ar pesado a sua branda
Luz, até que distância ou morte os desfigura.

Morte ou distância vêm. Por mais que para vê-los
   Volteie a vista, é em vão: eu perco o que persigo.
Longe do meu olhar, longe dos meus desvelos.

Cristo vela. E o olhar de Cristo, em paz ou em perigo,
   Os vê, coração quer, amor provê, pé ante pé, com suaves zelos:
Resgate e redenção, primeiro, íntimo e último amigo.

(1877)

THE LEADEN ECHO AND THE GOLDEN ECHO
(*Maidens' song from St. Winefred's Well*)

THE LEADEN ECHO

*How to kéep — is there ány any, is there none such, nowhere
    known some, bow or brooch or braid or brace, láce, latch or
    catch or key to keep
Back beauty, keep it, beauty, beauty, beauty,... from vanishing
    away?
Ó is there no frowning of these wrinkles, rankèd wrinkles deep,
Dówn? no waving off of these most mournful messengers, still
    messengers, sad and stealing messengers of grey?
No there's none, there's none, O no there's none,
Nor can you long be, what you now are, called fair,
Do what you may do, what, do what you may,
And wisdom is early to despair:
Be beginning; since, no, nothing can be done
To keep at bay
Age and age's evils, hoar hair,
Ruck and wrinkle, drooping, dying, death's worst, winding sheets,
    tombs and worms and tumbling to decay;
So be beginning, be beginning to despair.
O there's none; no no no there's none;
Be beginning to despair, to despair,
Despair, despair, despair, despair.*

THE GOLDEN ECHO

*Spare!
There ís one, yes I have one (Hush there!);*

O ECO DE BRONZE E O ECO DE OURO
(*Canção das virgens da Fonte de S. Winefred*)

O ECO DE BRONZE

Como guardar – há algum algum, haverá um, algum algo
  algures, tranca ou trinco ou broche ou braço, laço ou
  trave ou chave capaz de res-
Guardar o belo, guardá-lo, belo, belo, belo... do des-
  gaste?
Oh nenhum franzir de rugas, profundas rugas se avista?
Nenhum sobressalto dos altos álgidos arautos, áridos
  arautos, escuros e escusos arautos do cinza?
Não, nenhum, nenhum, Oh não há nenhum,
Nem podes mais ser, o que ora és, dito perfeito,
Faze o que se há de fazer, o que, faze o que se há de,
Sabedoria gera o desespero:
Sê começo; já que, não, nada pode ser feito
Para deter o
Tempo e o mal do tempo, cã e cal,
Prega e ruga, falsa, falha, fel da morte, mortalha,
  tumbas e térmitas até o tombo final;
Sê começo, só começo ao desespero.
Oh nenhum, não não não não há nenhum:
Sê começo ao desespero, ao desespero,
Desespero, desespero, desespero, desespero.

O ECO DE OURO

    Espera!
Há um, sim eu sei de um (Silêncio agora!)

Only not within seeing of the sun,
Not within the singeing of the strong sun,
Tall sun's tingeing, or treacherous the tainting of the earth's air,
Somewhere elsewhere there is ah well where! one,
Óne. Yes I cán tell such a key, I dó know such a place,
Where whatever's prized and passes of us, everything that's fresh
   and fast flying of us, seems to us sweet of us and swiftly away
   with, done away with, undone,
Undone, done with, soon done with, and yet dearly and dangerously
   sweet
Of us, the wimpled-water-dimpled, not-by-morning-matchèd face,
The flower of beauty, fleece of beauty, too too apt to, ah! to fleet,
Never fleets móre, fastened with the tenderest truth
To its own best being and its loveliness of youth: it is an ever-
   lastingness of, O it is an all youth!
Come then, your ways and airs and looks, locks, maiden gear,
   gallantry and gaiety and grace,
Winning ways, airs innocent, maiden manners, sweet looks, loose
   locks, long locks, lovelocks, gaygear, going gallant,
   girlgrace —
Resign them, sign them, seal them, send them, motion them with
   breath,
And with sighs soaring, soaring síghs deliver
Them; beauty-in-the-ghost, deliver it, early now, long before
   death
Give beauty back, beauty, beauty, beauty, back to God, beauty's
   self and beauty's giver.
See; not a hair is, not an eyelash, no the least lash lost; every hair
Is, hair of the head, numbered.
Nay, what we had lighthanded left in surly the mere mould
Will have waked and have waxed and have walked with the wind
   what while we slept,
This side, that side hurling a heavyheaded hundredfold
What while we, while we slumbered.

Só que não se sente ao sol,
Não à vista do sol solerte,
À tinta do sol alto ou traiçoeiro o hálito do ar terrestre,
Aquém além existe ah bem quem! um só,
Um. Sim, sei dizer qual a chave, conheço tal recanto,
Onde tudo o que se ama e some de nós, tudo o que é novo
    e vai-se esvaindo de nós, sói ser suave de nós e
    súbito finado, findo desfeito,
Desfeito, finito, findo, e todavia cara e raramente suave
De nós, a ruga-água-sulcada, mais-que-manhã-perfeita face,
A flor do belo, velo do belo, muito muito apta a, ah! voar,
Nunca mais voa, atada pela mais verde verdade
Ao seu melhor ser e à flor da mocidade: é uma sempre-viva de,
    Oh é uma toda-mocidade!
Venham, pois, ares e olhares, trejeitos, tranças, dons de donzela,
    garbo e gala e graça,
Ares fatais, olhares infantis, donaires de donzela, trejeitos suaves,
    tranças soltas, tranças longas trançamores, garbigárrulas,
    galgas galas, gentilgraça –
Resigna-os, designa-os, sela-os, solta-os, move-os com sopro
E com suspiros que se alteiam, altaneiros suspiros liberta-
Os; o belo-em-espectro, liberta-o, desde logo, muito antes
    que a morte de-
Volva o belo, e o belo, belo, belo volva a Deus, o eu
    do belo e o ser do belo.
Vê, nem um fio de cabelo, nem um cílio, nem um só cilício cai;
    cada cabelo
É, cabelo da cabeça, computado.
Mais; o que sutis largáramos em duro e mero molde
Terá vindo e vingado e vagado e vogado com o vento durante o enquanto
    que nos adormeça,
Daqui, dali, confundindo as cemcurvas de um cerebrochumbo
Durante o enquanto, o enquanto em que nos esqueçamos.

*O then, weary then whý should we tread? O why are we so haggard
    at the heart, so care-coiled, care-killed, so fagged,
    so fashed, so cogged, so cumbered,
When the thing we freely fórfeit is kept with fonder a care,
Fonder a care kept than we could have kept it, kept
Far with fonder a care (and we, we should have lost it) finer,
    fonder
A care kept. – Where kept? Do but tell us where kept, where. –
Yonder. – What high as that! We follow, now we follow. –
    Yonder, yes yonder, yonder,
Yonder.*

Oh, então por que curvos seguirmos? Oh por que sermos tão cavos
   no coração, tão medo-murchos, medo-mortos, tão fartos,
   tão fraudados, tão cansados, tão confusos,
Quando a coisa que livres renunciamos é guardada com o mais caro cuidado
Mais caro cuidado guardada do que a poderíamos ter guardado, guardada
Com muito maior cuidado (e nós, nós a perderíamos), mais puro,
   mais caro
Cuidado guardada. – Onde guardada? Diga-nos onde guardada, onde. –
Lá longe. –Tão alto assim! Seguimos, já seguimos. –
   Longe, sim, longe, longe,
Longe.

[CARRION-COMFORT]

Not, I'll not, carrion comfort, Despair, not feast on thee;
Not untwist – slack they may be – these last strands of man
In me ór, most weary, cry I can no more. *I can;*
Can something, hope, wish day come, not choose not to be.
But ah, but O thou terrible, why wouldst thou rude on me
Thy wring-world right foot rock? lay a lionlimb against me?
  scan
With darksome devouring eyes my bruisèd bones? and fan,
O in turns of tempest, me heaped there; me frantic to avoid thee
  and flee?

Why? That my chaff might fly; my grain lie, sheer and clear.
Nay in all that toil, that coil, since (seems) I kissed the rod,
Hand rather, my heart lo! lapped strength, stole joy, would laugh,
  chéer.
Cheer whom though? the hero whose heaven-handling flung me,
  fóot tród
Me? or me that fought him? O which one? is it each one? That
  night, that year
Of now done darkness I wretch lay wresting with, (my God!)
  my God.

[CADÁVER-CONSOLO]

Não, cadáver-consolo, não vou me repastar contigo, Desespero, nem desligar – por lassos – os últimos laços de homem em mim,
Nem, por mais desvalido, gritar *não posso mais*. Eu posso, sim,
Posso algo, esperança, ânsia de aurora, não escolher não ser.
Mas ah! mas, tu, terrível, por que rude em mim crescer
Teu destro pé de pedra pune-universo? leão-látego assim
Varar com olhos trevorantes meus pisados ossos e até o fim
Trovão-troar-me a mim, empilhado aqui, no frenesi de fugir de ti
    e te esquecer?

Por que? para que a minha palha voe; o meu grão, claro e puro, jaza,
Pois que em meio à tortura e à tontura eu (parece) beijei o açoite,
Ou mão, então, meu coração em cor-vigor, riso-roubado, a festejar
    se compraza.
Festejar quem, porém? o herói que me céu-açoitou, o pé que se abateu sobre mim? ou eu que luto? ou qual? ou ambos? Naquele ano, aquela
    noite,
Brasa no escuro em que eu, mísero, medi-me com (meu Deus!)
    meu Deus.

(1885)

*To seem the stranger lies my lot, my life
Among strangers. Father and mother dear,
Brothers and sisters are in Christ not near
And he my peace/my parting, sword and strife.*

*England, whose honour O all my heart woos, wife
To my creating thought, would neither hear
Me, were I pleading, plead nor do I: I wear-
y of idle a being but by where wars are rife.*

*I am in Ireland now; now I am at a thírd
Remove. Not but in all removes I can
Kind love both give and get. Only what word*

*Wisest my heart breeds dark heaven's baffling ban
Bars or hell's spell thwarts. This to hoard unheard,
Heard unheeded, leaves me a lonely began.*

Ser estrangeiro é minha sina e vida, em meio
A estrangeiros. Meu pai e minha mãe amados,
Irmãos e irmãs em Cristo de mim apartados,
Só Ele meu partir/meu porto, espada e esteio.

A Inglaterra que eu honro como esposa, cheio
De sonhos de criar, não movem nem cuidados
Nem rogos, nem rogar eu ouso, desolado s-
ócio de um lar que gera guerras em seu seio.

Agora estou na Irlanda e é já a terceira ida
Ao longo exílio. Não que o exílio iniba o gesto
De amor, amar. Mas a palavra mais querida

Que eu crie o céu cinzento ceifa presto
E o inferno enfeia em fel, do povo não ouvida
Ou, se ouvida, olvidada. E eu solitário resto.

(1885)

I wake and feel the fell of dark, not day.
What hours, O what black hours we have spent
This night! what sights you, heart, saw; ways you went!
And more must, in yet longer light's delay.

With witness I speak this. But where I say
Hours I mean years, mean life. And my lament
Is cries countless, cries like dead letters sent
To dearest him that lives alas! away.

I am gall, I am heartburn. God's most deep decree
Bitter would have me taste: my taste was me;
Bones built in me, flesh filled, blood brimmed the curse.

Selfyeast of spirit a dull dough sours. I see
The lost are like this, and their scourge to be
As I am mine, their sweating selves; but worse.

Desperto. Um travo dói, de treva, não de dia.
Que horas, que horas-negror nós conhecemos,
Que noite! Que visões, meu coração, que extremos!
E o que virá da luz em mais lenta agonia?

Eu falo a testemunha. E onde antes eu via
Horas eu vejo eras, vida. E o que vivemos
São gritos, gritos, sim, cartas mortas que lemos
Ao ser maior que vive ah! em longe moradia.

Sou câncer-coração, sou fel. Pois Deus me deu
O dom de em mim provar meu mal: meu fel fui eu;
Selado em osso e pele, em meu sangue, o sabor.

O lêvedo do ser destila amargo breu.
Aos perdidos, talvez, o seu castigo é o seu
Suor de ser, como eu o meu; porém, pior.

(1885)

No worst, there is none. Pitched past pitch of grief,
More pangs will, schooled at forepangs, wilder wring.
Comforter, where, where is your comforting?
Mary, mother of us, where is your relief?

My cries heave, herds-long; huddle in a main, a chief
Woe, wórld-sorrow; on an áge-old anvil wince and sing –
Then lull, then leave off. Fury had shrieked 'No ling-
ering! Let me be fell: force I must be brief'.

O the mind, mind has mountains; cliffs of fall
Frightful, sheer, no-man-fathomed. Hold them cheap
May who ne'er hung there. Nor does long our small

Durance deal with that steep or deep. Here! creep,
Wretch, under a comfort serves in a whirlwind: all
Life death does end and each day dies with sleep.

Não, não, pior não há, dor mais dor do que a dor,
Além-ais de aquém-ais torturam-se outra vez.
Onde está teu consolo, ó Mãe, que a tudo vês?
E o teu conforto, onde, ó meu confortador?

Meus gritos, em rebanho, arrebanham em cor-
o a dor, a dor do mundo, arquibigorna, e se
Calmam, calam. A Fúria uiva: "Nenhum re-
morso! Que eu seja fel. Sem mora e sem amor".

Ah! a mente tem montanhas; precipícios, vias
Terríveis, que ninguém trilhou. Se alguém duvida
É que nunca as buscou. Essas regiões sombrias

Mal pisa o pé, pesado. Aqui! rasteja a tua lida
No rede(e a um só consolo serve)moínho: os dias
Morrem no sono e a morte apaga toda vida.

(1885)

Patience, hard thing! the hard thing but to pray,
But bid for, Patience is! Patience who asks
Wants war, wants wounds; weary his times, his tasks;
To do without, take tosses, and obey.

   Rare patience roots in these, and, these away,
Nowhere. Natural heart's ivy, Patience masks
Our ruins of wrecked past purpose. There she basks
Purple eyes and seas of liquid leaves all day.

   We hear our hearts grate on themselves: it kills,
To bruise them dearer. Yet the rebellious wills
Of us we do bid God bend to him even so.

   And where is he who more and more distills
Delicious kindness? – He is patient. Patience fills
His crisp combs, and that comes those ways we know.

Ah, Paciência, Paciência é tão difícil! Pior,
Pedir Paciência! Mas Paciência, quem a tenta,
Quer guerra, garra; a ela, contudo, só contenta
Perder, cair, curvar-se e seguir sem rumor.

   Ali, Paciência, em paz, deita raíz: rigor
Ou nada. Hera do ser, Paciência enterra, lenta,
As ruínas da derrota. E, lenta, ela acalenta
Mar de folhas a fluir, olhos roxos de dor.

   Ouvimos um ralar de corações: seria
Mortal feri-los mais. Nossos desejos bravos
A Deus, porém, vamos dobrando em rebeldia.

   E onde está aquele que destila, dia a dia,
Só luz? Ele é paciente. Com Paciência os favos
Nos favorece. E já sabemos sua via.

(1885)

*My own heart let me more have pity on; let
Me live to my sad self hereafter kind,
Charitable; not live this tormented mind
With this tormented mind tormenting yet.*

   *I cast for comfort I can no more get
By groping round my comfortless, than blind
Eyes in their dark can day or thirst can find
Thirst's all-in-all in all a world of wet.*

*Soul, self; come, poor Jackself, I do advise
You, jaded, let be; call off thoughts awhile
Elsewhere; leave comfort root-room; let joy size*

*At God knows when to God knows what; whose smile
's not wrung, see you; unforeseen times rather – as skies
Betweenpie mountains – lights a lovely mile.*

Meu coração carece apenas pena; tento
Meu triste mim viver agora em doce entrega
À piedade; não mais tormento a mente lega
À atormentada mente em mais e mais tormento.

   Vou em busca de paz, sem ter contentamento,
Tateando de impaciência, em trevas, como cega
Visão que pede luz, sede que não sossega
Em mar sempre maior que a sede do sedento.

Alma, mim; ah! meu João-de-mim, cria juízo,
Descansa, pobre ser; ao teu pensar dá-lhe uma ilha
Nalgum lugar; à paz, raíz-espaço; e o riso,

Deus sabe quando ou quanto; um dia, ei-lo que brilha
Não retorcido e – como um céu que, de improviso,
Entreave montes – luz, maravilhosa milha.

(1885)

TOM'S GARLAND:
upon the Unemployed

Tom – garlanded with squat and surly steel
Tom; then Tom's fallowbootfellow piles pick
By him and rips out rockfire homeforth – sturdy Dick;
Tom Heart-at-ease, Tom Navvy: he is all for his meal
Sure, 's bed now. Low be it: lustily he his low lot (feel
That ne'er need hunger, Tom; Tom seldom sick,
Seldomer heartsore; that treads through, prickproof, thick
Thousands of thorns, thoughts) swings though. Commonweal
Little I reck ho! lacklevel in, if all had bread:
What! Country is honour enough in all us – lordly head,
With heaven's lights high hung round, or, mother-ground
That mammocks, mighty foot. But nó way sped,
Nor mind nor mainstrength; gold go garlanded
With, perilous, O nó; nor yet plod safe shod sound;
          Undenizened, beyond bound
Of earth's glory, earth's ease, all; no one, nowhere,
In wide the world's weal; rare gold, bold steel, bare
          In both; care, but share care –
This, by Despair, bred Hangdog dull; by Rage,
Manwolf, worse; and their packs infest the age.

A COROA DE TOM:
sobre os Desempregados

Tom – coroado em duro e puro aço,
Tom; seu irmão botadesbotado empilha a enxada,
Fazendo faíscas no chão rumo ao lar – Dick, camarada;
Tom Cor-e-ação, Obreiro Tom: só quer o seu pedaço
De pão, e cama agora. Leve, a parca parte (um traço
Só tem: não passar fome, Tom; Tom, doente? não é nada,
Amargo, nunca; e pé à-prova-de-pregos na estrada
De mil espinhos, pensamentos) leva. Não faço
Caso do bem, oh! desigual, comum desde que o pão em dia
Dêem a todos. Baste a pátria – fronte que irradia
Luzes do céu, ou mãe-terra aos que vêm
Fraternizar com pés pesados. Sem amparo ou guia
De mente ou membros; nem coroa de ouro que em
Perigo os ponha, oh não; em solo ou sol nem sola têm;
        Desolados, sem nem
Um bem da terra, um dom da terra; sem aspira-
Ção nenhuma; ouro raro, aço caro, só mira;
        Esperança, só espera –
Assim, o Desespero gera o Cão-vadio; a Ira,
O Homem-fera, pior; e o bando agora infesta a era.

(1887)

THAT NATURE IS A HERACLITEAN FIRE, AND OF THE COMFORT OF THE RESURRECTION

Cloud-puffball, torn tufts, tossed pillows | flaunt forth, then chevy on an air-
built thoroughfare: heaven-roysterers, in gay-gangs | they throng; they glitter in marches.
Down roughcast, down dazzling whitewash, | wherever an elm arches,
Shivelights and shadowtackle in long | lashes lace, lance, and pair.
Delightfully the bright wind boisterous | ropes, wrestles, beats earth bare
Of yestertempest's creases; | in pool and rutpeel parches
Squandering ooze to squeezed | dough, crust, dust; stanches, starches
Squadroned masks and manmarks | treadmire toil there
Footfretted in it. Million-fuelèd, | nature's bonfire burns on.
But quench her bonniest, dearest | to her, her clearest-selvèd spark
Man, how fast his firedint, | his mark on mind, is gone!
Both are in an unfathomable, all is in an enormous dark
Drowned. O pity and indig | nation! Manshape, that shone
Sheer off, disseveral, a star, | death blots black out; nor mark
        Is any of him at all so stark
But vastness blurs and time | beats level. Enough! the Resurrection,
A heart's-clarion! Away grief's gasping, | joyless days, dejection.
        Across my foundering deck shone
A beacon, an eternal beam. | Flesh fade, and mortal trash
Fall to the residuary worm; | world's wildfire, leave but ash:

DA NATUREZA, FOGO HERACLITIANO,
E DO
CONFORTO DA RESSURREIÇÃO

Nuvem-novelo, tufos coxos, coxins frouxos | fluem, flutuam sobre
   o estrado
Armado no ar: céu-fanfarrões, em gangues gaias | se aglomeram;
   cintilam passo a passo
Rebocaindo, calcaindo cegantes, | onde haja um olmo, pelo
   espaço,
Fitas de luz, cordas de sombra em longos lios | lançam-se, laçam,
   lado a lado.
Gozosamente o vento violuzente | arrasta, arrosta o solo dissecado
Das rugas do pós-chuva; em sulco e charco cresta o crasso
Limo disperso em posta, pasta, | crosta; estanca, estaca o traço
Das máscaras e marcas do homem | que a lenta luta em lodo calcinado
Pé-imprimiu no chão. Multinutrida, | a natureza é fogo e lava.
Mas o mais caro, raro, o mais | claro calor que leva –
O homem, seu fogo-fátuo, | sua marca-na-mente, já se entreva!
Ambos na vastidão, tudo na imensidão da treva
Sugado. Ó piedade e indig | nação! A forma do homem que brilhava,
Pura, indiversa, estrela, | a morte mói, nem sobreleva
           Marca alguma do ser que em breve a
Imensidão não trave ou turve | o tempo. Basta! A Ressurreição res-
plende, clarão do coração! Longe, | arfar da dor, dias sem alegria, pequenez.
           Em meu convés de viés luz outra vez
Um farol, lume eterno. | Carne falida e mortal lama
Vertam ao verme residual; | em fumo o mundo mude a chama:

> *In a flash, at a trumpet crash,*
> *I am all at once what Christ is, | since he was what I am, and*
> *This Jack, joke, poor potsherd, | patch, matchwood, immortal diamond,*
> > *Is immortal diamond.*

> Irrompe a flama, e trompa clama
E eu sou súbito o que Cristo é, | pois ele foi, por amor, tal
Qual eu sou, e este João, pulha, pobre palha, | hulha, maravalha,
>   diamante imortal,
>   É diamante imortal.

(1888)

Justus quidem tu es, Domine, si disputem tecum; verumtamen
justa loquar ad te: Quare via impiorum prosperatur? Etc.

Thou art indeed just, Lord, if I contend
With thee; but, sir, so what I plead is just.
Why do sinners' ways prosper? and why must
Disappointment all I endeavour end?

   Wert thou my enemy, O thou my friend,
How wouldst thou worse, I wonder, than thou dost
Defeat, thwart me? Oh, the sots and thralls of lust
Do in spare hours more thrive than I that spend,

Sir, life upon thy cause. See, banks and brakes
Now, leavèd how thick! lacèd they are again
With fretty chervil, look, and fresh wind shakes

Them; birds build – but not I build; no, but strain,
Time's eunuch, and not breed one work that wakes.
Mine, O thou lord of life, send my roots rain.

Justus quidam tu es, Domine, si disputem tecum: verumtamen justa
loquar ad te: Quare via impiorum prosperatur? Etc.

    Senhor, és justo, eu sei, mas se te ouso agora
    Contraditar, também é justo este meu pleito.
    Por que somente o mau prospera e sempre gora
    Meu sonho de florir, desolado e desfeito?

      Um inimigo, ó caro amigo, não me fora
    Tão desamigo ou mal maior houvera feito
    Para me destruir. Mais vive e mais vigora
    O escravo da paixão do que eu que ora rejeito

    A vida por tua causa. Admira, em mata e messe
    As folhas cobram cor! De laços se carrega
    A umbelífera em flor. À volta, o vento tece-

    A; aves alam-se – eu não; cego, meu ser se nega.
    Eis-me, eunuco do Tempo, em mim nada floresce.
    Minhas, Senhor, de mim, ruins raízes rega.

(1889)

TO R. B.

*The fine delight that fathers thought; the strong
Spur, live and lancing like the blowpipe flame,
Breathes once and, quenchèd faster than it came,
Leaves yet the mind a mother of immortal song.*

*Nine months she then, nay years, nine years she long
Within her wears, bears, cares and combs the same:
The widow of an insight she lives, with aim
Now known and hand at work now never wrong.*

  *Sweet fire the sire of muse, my soul needs this;
I want the one rapture of an inspiration.
O then if in my lagging lines you miss*

*The roll, the rise, the carol, the creation,
My winter world, that scarcely breathes that bliss
Now, yields you, with some sighs, our explanation.*

A R. B.

A alegre luz que gera a idéia, a força pura,
Viva e voraz, como uma chama de estopim,
Brilha uma vez mas dura pouco, e ainda assim
À mente muda em mãe de um canto que perdura.

Nove meses, ou mais, nove anos ela o apura
E dentro o gesta, gasta, gosta e alenta, enfim:
Viuva de uma visão perdida, vive; com seu fim
Sabido, a mão perfaz, nunca mais insegura.

  Fogo maior, senhor da musa – uma só graça
Pede meu ser: o arroubo de uma inspiração.
Mas, se por minhas lentas linhas já não passa

A vaga, o vôo, a voz, o canto, a criação,
Meu mundo-inverno, onde esse júbilo não grassa,
É, com alguns suspiros, nossa explicação.

(1889)

Repeat that, repeat,
Cuckoo, bird, and open ear wells, heart-springs, delightfully
    sweat,
With a ballad, with a ballad, a rebound
Off trundled timber and scoops of the hillside ground, hollow
    hollow hollow ground:
The whole landscape flushes on a sudden at a sound.

Ecoa isso, ecoa,
Cuco, ave, abre as fontes-ouvidos, coração-nascentes, suavemente
    voa
Num revôo, um rebôo, uma canção
De troncos trincados e buracos do chão, oco oco oco chão:
Toda a paisagem nasce de súbito a um som.

O NAUFRÁGIO DO DEUTSCHLAND

THE WRECK OF THE DEUTSCHLAND

*To the
happy memory of five Fransciscan nuns
exiles by the Falck laws
drowned between midnight and the morning of
Dec. 7th, 1875*

O NAUFRÁGIO DO DEUTSCHLAND

À
memória feliz de cinco freiras franciscanas
banidas pelas leis Falk
afogadas entre a meia-noite e a manhã de
7 de dezembro de 1875

PART THE FIRST

1

    Thou mastering me
      God! giver of breath and bread;
   World's strand, sway of the sea;
    Lord of living and dead;
Thou hast bound bones and veins in me, fastened me flesh,
And after it almost unmade, what with dread,
    Thy doing: and dost thou touch me afresh?
Over again I feel thy finger and find thee.

2

    I did say yes
    O at lightning and lashed rod;
  Thou heardst me truer than tongue confess
    Thy terror, O Christ, O God;
Thou knowest the walls, altar and hour and night:
The swoon of a heart that the sweep and the hurl of thee trod
    Hard down with a horror of height:
And the midriff astrain with leaning of, laced with fire of stress.

PRIMEIRA PARTE

1

Mestre de mim
Deus! doador do ar e da dor;
Fibra do mundo, mar sem fim;
Senhor de morte e amor;
Ligaste ossos e veias em mim, carne criaste-
Me, e quase desfizeste, após, horror,
Teu feito: e ora me tanges com tua haste?
De novo teu dedo doa e dói e eu digo sim.

2

Sim – fui falar
Ah! ao raio açoite dos céus;
Ouviste-me mais luz que língua confessar
Terror de ti, ó Cristo, ó Deus;
Sabes o muro, hora, altar, noite escura;
O ardor do peito ao som e ao trom de ti que leva meus
Passos para baixo com horror de altura:
E o diafragma teso com o peso, ao fogo da tensão sem ar.

3

   The frown of his face
  Before me, the hurtle of hell
Behind, where, where was a, where was a place?
  I whirled out wings that spell
And fled with a fling of the heart to the heart of the Host.
My heart, but you were dovewinged, I can tell,
  Carrier-witted, I am bold to boast,
To flash from the flame to the flame then, tower from the grace
  to the grace.

4

   I am soft sift
  In an hourglass – at the wall
Fast, but mined with a motion, a drift,
  And it crowds and it combs to the fall;
I steady as a water in a well, to a poise, to a pane,
But roped with, always, all the way down from the tall
  Fells or flanks of the voel, a vein
Of the gospel proffer, a pressure, a principle, Christ's gift.

3

Franzir da Face
À frente, inferno pranto
Atrás, onde um, um só lugar que satisfaça?
Girei asas de encanto
E em vôo-coração fugi ao coração do Alto.
Meu coração, mas foste pomboalado, ah! quanto,
Paz mensageiro, eu o proclamo, arauto,
Para luzir de flama a flama, alçar de graça a graça.

4

Eu sou só pó
De uma ampulheta – ao pé da
Parede, nó do movimento, mó
Que me coa e ecoa à queda;
Quieto como água parada, até a pedra, a areia,
Porém encordoado sempre, a cair da aresta
Em riste do rochedo, com a veia
Da bíblica proposta, pressão, princípio, Cristo só.

5

I kiss my hand
To the stars, lovely-asunder
Starlight, wafting him out of it; and
Glow, glory in thunder;
Kiss my hand to the dappled-with-damson west;
Since, tho' he is under the world's splendour and wonder,
His mystery must be instressed, stressed;
For I greet him the days I meet him, and bless when I understand.

6

Not out of his bliss
Springs the stress felt
Nor first from heaven (and few know this)
Swings the stroke dealt –
Stroke and a stress that stars and storms deliver,
That guilt is hushed by, hearts are flushed by and melt –
But it rides time like riding a river
(And here the faithful waver, the faithless fable and miss).

5

Minha mão beijo
Para as estrelas, lindistante
Claroestelar, e a Ele adejo,
Glória em trovão, triunfante;
Beijo-me a mão para o milmanchado oriente;
Pois mesmo sob o mundo em esplendor, radiante,
O seu mistério preme, imprime a mente;
E eu me rendo quando compreendo e me abençoo se o vejo.

6

Não de alegria
Vem a pressão que o imprime
Nem do céu (só o sábio o saberia)
Desce a tensão que oprime –
Pressão, tensão, de que estrelas e estrondos são o agente,
Que a culpa escora e aos corações cora e redime –
Mas que cavalga o tempo como a um rio corrente
(E aqui o fiel vacila, o sem-fé fabula e se desvia).

7

It dates from day
Of his going in Galilee;
Warm-laid grave of a womb-life grey;
Manger, maiden's knee;
The dense and the driven Passion, and frightful sweat;
Thence the discharge of it, there its swellings to be,
Though felt before, though in high flood yet –
Where none would have known of it, only the heart, being hard at bay,

8

Is out with it! Oh,
We lash with the best or worst
Word last! How a lush-kept plush-capped sloe
Will, mouthed to flesh-burst,
Gush! – flush the man, the being with it, sour or sweet,
Brim, in a flash, full! – Hither then, last or first,
To hero of Calvary, Christ's feet –
Never ask if meaning it, wanting it, warned of it – men go.

7

Data da ida
À Galiléia, daquele dia;
Tumba casulo-cálida de uma triste ventre-vida;
Joelho de virgem, estrebaria;
A densa e dispersa Paixão, o suor tremente;
De onde a efusão, de onde a expansão que se irradia,
Ainda antes sentida, do ventre de uma enchente –
O que ninguém saberia, só o coração, na extrema lida,

8

Revela! Bem ou mal,
Vale a melhor ou a pior
Palavra ao fim! Qual polpa ao pal-
Par, de pele e velo o licor
Jorra! – e o ser de jus, doce ou acre, com isto
Trans, luz, borda! – Cedo ou tarde, como for,
Ao herói do Calvário, aos pés de Cristo –
Se o quer ou não, com fé ou sem – vai o homem afinal.

9

Be adored among men,
God, three-numberèd form;
Wring thy rebel, dogged in den,
Man's malice, with wrecking and storm.
Beyond saying sweet, past telling of tongue,
Thou art lightning and love, I found it, a winter and warm,
Father and fondler of heart thou hast wrung:
Hast thy dark descending and most art merciful then.

10

With an anvil-ding
And with fire in him forge thy will
Or rather, rather then, stealing as Spring
Through him, melt him but master him still:
Whether at once, as once at a crash Paul,
Or as Austin, a lingering-out swéet skíll,
Make mercy in all of us, out of us all
Mastery, but be adored, but be adored King.

9

Sê adorado entre nós,
Forma trinúmera, Deus;
Tortura o teu rebelde, no antro atroz,
A malícia do homem, com naufrágio e escarcéus.
Além do dizer doce, aquém da foz das falas,
És inverno e calor, eu o sei, raios e céus;
Pai e pastor do coração que abalas:
Tens densas descaídas e é quando mais suave é tua voz.

10

Com bigorna e brado
E com seu fogo forja a mente
Ou antes, sim, antes, primavera-alado
Voa por ele, flui nele, mestremente:
Quer presto como Paulo, no rastro do astro que o ilumina,
Quer como Agostinho, argúcia e tino, em paz paciente,
Tem piedade de nós, em nós todos domina,
Mestre, mas sê adorado, para sempre sê, Rei, adorado.

PART THE SECOND

11

'Some find me a sword; some
The flange and the rail; flame,
Fang, or flood's goes Death on drum,
And storms bugle his fame.
But wé dream we are rooted in earth – Dust!
Flesh falls within sight of us, we, though our flower the same,
Wave with the meadow, forget that there must
The sour scythe cringe, and the blear share come.

12

On Saturday sailed from Bremen,
American-outward-bound,
Take settler and seamen, tell men with women,
Two hundred souls in the round –
O Father, not under thy feathers nor ever as guessing
The goal was a shoal, of a fourth the doom to be drowned;
Yet did the dark side of the bay of thy blessing
Not vault them, the million of rounds of thy mercy not reeve even them in?

SEGUNDA PARTE

11

"Uns me chamam alfange,
Ou roda e trilho; flama,
Farpa ou flagelo", a Morte range
E a tempestade clama a sua fama.
Mas nós sonhamos ter raíz na terra: – Pó!
A carne cai diante de nós e, flor da mesma lama,
Ondulamos nos campos, olvidando só
Que a foice é cega e ceifa e a relha é turva e tange.

12

Num sábado, de Bremen, confiantes
Partem – a América é seu rumo.
Marujos, homens e mulheres, tripulantes,
Duzentas almas, em resumo.
Ó Pai, sob tuas plumas, nem presságio da desgraça,
De que a meta era a morte e o mar, para um quarto deles, era o túmu-
Lo; e todavia o lado amargo do arco da tua graça
Não os abarca, nem os milhões de anéis do teu perdão foram bastantes?

13

Into the snows she sweeps,
Hurling the haven behind,
The Deutschland, on Sunday; and so the sky keeps,
For the infinite air is unkind,
And the sea flint-flake, black-backed in the regular blow,
Sitting Eastnortheast, in cursed quarter, the wind;
Wiry and white-fiery and whirlwind-swivellèd snow
Spins to the widow-making unchilding unfathering deeps.

14

She drove in the dark to leeward,
She struck – not a reef or a rock
But the combs of a smother of sand: night drew her
Dead to the Kentish Knock;
And she beat the bank down with her bows and the ride of her keel:
The breakers rolled on her beam with ruinous shock;
And canvas and compass, the whorl and the wheel
Idle for ever to waft her or wind her with, these she endured.

13

Em neve e névoa, ao léu,
Longe do porto, seguiu
O Deutschland, no domingo; o mesmo céu,
O ar infinito, hostil.
E o mar escuma-escama, trevaturvo, sob a mira da ira
Do és-nordeste, o maldito ponto, o vento vil;
A neve fogo-fátua e o rede-vira-moinho gira
Rumo ao fundo, o viuvante, desfilho, despai, o fundo breu.

14

Deriva a sota-vento em treva,
Não racha em rocha ou fraga –
Afunda em mole areia. A noite o leva.
Em Kentish Knock naufraga.
Bate nos bancos, casco e quilha espreme:
O mar varre o convés e com estrondo o traga;
Vela e compasso, hélice e leme
Não mais podem mover ou desviar: a nave entreva.

15

> Hope had grown grey hairs,
> Hope had mourning on,
> Trenched with tears, carved with cares,
> Hope was twelve hours gone;
> And frightful a nightfall folded rueful a day
> Nor réscue, only rocket and lightship, shone,
> And lives at last were washing away:
> To the shrouds they took, – they shook in the hurling and horrible airs.

16

> One stirred from the rigging to save
> The wild woman-kind below,
> With a rope's end round the man, handy and brave –
> He was pitched to his death at a blow,
> For all his dreadnought breast and braids of thew:
> They could tell him for hours, dandled the to and fro
> Through the cobbled foam-fleece. What could he do
> With the burl of the fountains of air, buck and the flood of the wave?

15

A Esperança ganhou cãs.
A Esperança em luto e des-
Espero e pranto e lutas vãs
Há doze horas se desfez.
E treva sem trégua dobrou o dia de dor,
Sem socorro, só fogo e faróis, até que de vez
Vidas sem vida vieram se depor
Nas mortalhas gemendo, – tremendo no horror das rajadas malsãs.

16

Um vem dos mastros para salvar
As mulheres se esvaindo no convés,
Com uma corda em torno da cintura, do ar
É lançado à morte, de viés,
Com todo o feixe de músculos e o impávido peito:
Viram-no por horas, indo-e-vindo, através
Do velo-valo da vaga; o que poderia ter feito
Contra os nós dos novelos do ar, os arremeços das mós do mar?

17

They fought with God's cold —
And they could not and fell to the deck
(Crushed them) or water (and drowned them) or rolled
With the sea-romp over the wreck.
Night roared, with the heart-break hearing a heart-broke rabble,
The woman's wailing, the crying of child without check —
Till a lioness arose breasting the babble,
A prophetess towered in the tumult, a virginal tongue told.

18

Ah, touched in your bower of bone,
Are you! turned for an exquisite smart,
Have you! make words break from me here all alone,
Do you! — mother of being in me, heart.
O unteachably after evil, but uttering truth,
Why tears! is it? tears; such a melting, a madrigal start!
Never-eldering revel and river of youth,
What can it be, this glee? the good you have there of your own?

17

Era o dedo de Deus – o seu frio,
Como combatê-lo? no tombadilho iam tombar
(Que os esmagava) ou na água (que os afogava) em desvario
Entre os destroços sob a folia do mar.
A noite uivava ouvindo turva a turba em torvelinho,
O gemer das mulheres, as crianças carentes a chorar –
Até que uma leoa se levantou quebrando o burburinho,
Uma profetisa triunfou sobre o tumulto, uma língua virginal luziu.

18

Ah! tocado em teu casulo de osso,
Retornas sob a estranha pulsação,
Expulsando palavras deste solitário poço,
Aqui, mãe-do-ser-em-mim, coração,
Indomável perseguidor do mal, mas vera profecia,
Ora, lágrimas? Sim, lágrimas; que mole madrigal à mão!
Riso jamais grisalho e rio de alegria,
O que há de ser este gáudio? que bem é esse que vem do teu fosso?

19

Sister, a sister calling
A master, her master and mine! –
And the inboard seas run swirling and hawling;
The rash smart sloggering brine
Blinds her; but she that weather sees one thing, one;
Has one fetch in her: she rears herself to divine
Ears, and the call of the tall nun
To the men in the tops and the tackle rode over the storm's brawling.

20

She was first of a five and came
Of a coifèd sisterhood.
(O Deutschland, double a desperate name!
O world wide of its good!
But Gertrude, lily, and Luther, are two of a town,
Christ's lily and beast of the waste wood:
From life's dawn it is drawn down,
Abel is Cain's brother and breasts they have sucked the same.)

19

Irmã, uma irmã chama
Um mestre, seu mestre e meu! –
E o mar a bordo turbilhona e trama;
O sal escorchante do escarcéu
A cega; mas ela na procela só vê uma escora,
Uma só âncora: alçar-se a Deus, ao Seu
Ouvido, e a voz da alta sóror que ora
Pelos homens nas vergas e nas gáveas supera a borrasca que brama.

20

A primeira, entre cinco, descendente
De um convento de irmãs devotas
(Ó Deutschland, nome que dói duplamente!
Ó mundo desviado das rotas!
Mas Gertrudes, lírio, e Lutero vêm da mesma vila,
O lírio de Cristo e a fera das florestas remotas:
Desde a aurora da vida a verdade se destila:
Abel é irmão de Caim, sugam os mesmos peitos, provêm da mesma semente.)

21

Loathed for a love men knew in them,
Banned by the land of their birth,
Rhine refused them. Thames would ruin them;
Surf, snow, river and earth
Gnashed: but thou art above, thou Orion of light;
Thy unchancelling poising palms were weighing the worth,
Thou martyr-master: in thy sight
Storm flakes were scroll-leaved flowers, lily showers – sweet heaven was astrew
in them.

22

Five! the finding and sake
And cipher of suffering Christ.
Mark, the mark is of man's make
And the word of it Sacrificed.
But he scores it in scarlet himself on his own bespoken,
Before time-taken, dearest prizèd and priced –
Stigma, signal, cinquefoil token
For lettering of the lamb's fleece, ruddying of the rose-flake.

21

Desamadas pelo amor nelas imerso,
Banidas do país natal,
O Reno as recusou. O Tâmisa era adverso.
Onda, neve, caudal
Rilharam, mas brilhas mais alto, Órion de luz,
Tuas palmas pazpausadas pesavam o bem e o mal,
Ó mártir-mestre: à vista de tua cruz
Flocos de furacão eram fólios em flor – chuvas-lírios do céu doce-asperso

22

Cinco! o número e o tema
E a cifra do Cristo crucificado.
Marca, a marca é do homem, sua algema,
E a palavra é Sacrificado.
Mas Ele a imprime, escarlate, em quem recaem suas escolhas,
O levado-antes-do-tempo, o que é mais prezado e apreciado,
Estigma, sinal, signo de cinco folhas,
Para lavrar na lã da ovelha, purpurar as pétalas da rosa-emblema.

23

> *Joy fall to thee, father Francis,*
> *Drawn to the Life that died;*
> *With the gnarls of the nails in thee, niche of the lance, his*
> *Lovescape crucified*
> *And seal of his seraph-arrival! and these thy daughters*
> *And five-livèd and leavèd favour and pride,*
> *Are sisterly sealed in wild waters,*
> *To bathe in his fall-gold mercies, to breathe in his all-fire glances.*

24

> *Away in the loveable west,*
> *On a pastoral forehead of Wales,*
> *I was under a roof here, I was at rest,*
> *And they the prey of the gales;*
> *She to the black-about air, to the breaker, the thickly*
> *Falling flakes, to the throng that catches and quails*
> *Was calling 'O Christ, Christ, come quickly':*
> *The cross to her she calls Christ to her, christens her wild-worst Best.*

23

      Glória, frade Francisco, ao teu fervor,
      Afeiçoado à Vida que se evade;
Com os nós dos pregos em ti, nicho da lança, dor
    De Sua crucificada amoridade
E selo de Sua arcanjovinda! e essas vidas diletas,
Cinco-folhas e filhas do teu orgulho e bondade,
    Estão sóror-seladas nas águas insurretas
Para banhar-se nas bênçãos da Sua chuva-ouro, arfar ao Seu olhar todo-fulgor.

24

      Além, no ameno ocidente,
      Em Gales, numa fronte pastoral,
    Eu, sob um teto, aqui, insciente,
      E elas, no olho do vendaval.
Ela para o ar quase-treva, o espasmo da espuma, a espessa
Fúria dos flocos, para a turba que treme e teme o final,
    Clamava: "Ó Cristo, Cristo, vem depressa":
A cruz ela chama de Cristo e cristianiza a dor como o seu melhor presente.

25

The majesty! what did she mean?
Breathe, arch and original Breath.
Is it love in her of the being as her lover had been?
Breathe, body of lovely Death.
They were else-minded then, altogether, the men
Woke thee with a we are perishing *in the weather of Gennesareth.*
Or is it that she cried for the crown then,
The keener to come at the comfort for feeling the combating keen?

26

For how to the heart's cheering
The down-dugged ground-hugged grey
Hovers off, the jay-blue heavens appearing
Of pied and peeled May!
Blue-beating and hoary-glow height; or night, still higher,
With belled fire and the moth-soft Milky Way,
What by your measure is the heaven of desire,
The treasure never eyesight got, nor was ever guessed what for the hearing?

25

      A grandeza do grito! Qual o seu sentido?
      Arfa, arqui e arcano Ar.
É o amor do ser como o seu amante terá sido?
      Arfa, corpo da Morte sem par.
Diferente era a mente daqueles homens, quando, outrora,
   Com um *estamos perdidos*, em Genesaré, vieram te acordar,
     Ou será que ela implora pela coroa nessa hora,
Quanto maior o combate, tanto maior o conforto ao chegar por ter combatido?

26

      Pois para gáudio do ser
      O gris seio-torrente veio-corrente
    Vai gorar, o azul gaio vai nascer
      De um maio vário e viridente!
Azul-pulsar e brasa-brisa do alto; ou noite que não se alcança,
  Com fogos de sinos e a Via-Láctea, falena luzfalecente,
    Qual, em vossa medida, é o céu da esperança,
Tesouro nunca visto nem sentido, de que só se ouviu dizer?

27

No, but it was not these.
The jading and jar of the cart,
Time's tasking, it is fathers that asking for ease
Of the sodden-with-its-sorrowing heart,
Not danger, electrical horror; then further it finds
The appealing of the Passion is tenderer in prayer apart:
Other, I gather, in measure her mind's
Burden, in wind's burly and beat of endragonèd seas.

28

But how shall I... make me room there:
Reach me a... Fancy, come faster –
Strike you the sight of it? look at it loom there,
Thing that she... there then! the Master,
Ipse, the only one, Christ, King, Head:
He was to cure the extremity where he had cast her;
Do, deal, lord it with living and dead;
Let him ride, her pride, in his triumph, despatch and have done with his doom there.

27

Não, não foi essa a razão.
O ranger do carro, o seu tremor,
Trabalho do tempo, é que gera a oração
No coração-encharcado-de-amargor,
Não o perigo, elétrico terror; mais além se sente
Que o apelo de Paixão é mais doce quando deriva da dor:
Outra, eu penso, a cadência de sua mente,
O seu bordão, no embate da borrasca, nas garras do mar-dragão.

28

Mas como posso... abram-me espaço,
Deêm-me um... Floresce, fantasia –
Vara-te a visão? Vês, brilhando baço,
O que ela... ali então! o Guia,
Ipse, o único um, Cristo, Cabeça, Soberano,
Ele vem curar o transe extremo em que a lançou em agonia,
Sarar, salvar, senhor de vivos e mortos, sobre-humano,
Que Ele cavalgue (ela a louvá-lo), em Seu triunfo, e perfaça a sentença, último passo.

29

Ah! there was a heart right!
There was single eye!
Read the unshapeable shock night
And knew the who and the why;
Wording it how but by him that present and past,
Heaven and earth are word of, worded by? –
The Simon Peter of a soul! to the blast
Tarpeian-fast, but a blown beacon of light.

30

Jesu, heart's light,
Jesu, maid's son,
What was the feast followed the night
Thou hadst glory of this nun? –
Feast of the one woman without stain.
For so conceived, so to conceive thee is done;
But here was heart-throe, birth of a brain,
Word, that heard and kept thee and uttered thee outright.

29

Ah! é um coração enorme,
É um olho que vê!
Leu a terrível noite informe
E soube o quem e o porquê;
Nomeando-a por quem, se não esse de quem passado
E presente, céu e terra são a palavra que os lê? –
Um Simão Pedro, esta alma! em estado
De tarpeiana dureza à tormenta, mas luz-farol que não dorme.

30

Jesus, coração-luz,
Jesus, virgem-nato de Maria,
Que festa se fez nesta noite, cruz
Da irmã que te deu alegria! –
Festa da mulher única sem mancha, inocente,
Pois assim concebido, assim conceber-te ela poderia,
Mas aqui houve coração-espasmo, parto da mente,
Palavra que te ouviu e guardou e te nominou a ti: Jesus.

31

> Well, she has thee for the pain, for the
>   Patience; but pity of the rest of them!
> Heart, go and bleed at a bitterer vein for the
>   Comfortless unconfessed of them –
> No not uncomforted: lovely-felicitous Providence
> Finger of a tender of, O of a feathery delicacy, the breast of the
>   Maiden could obey so, be a bell to, ring of it, and
> Startle the poor sheep back! is the shipwrack then a harvest, does
>   tempest carry the grain for thee?

32

> I admire thee, master of the tides,
>   Of the Yore-flood, of the year's fall;
> The recurb and the recovery of the gulf's sides,
>   The girth of it and the wharf of it and the wall;
> Stanching, quenching ocean of a motionable mind;
> Ground of being, and granite of it: past all
>   Grasp God, throned behind
> Death with a sovereignty that heeds but hides, bodes but abides;

31

      Sim, ela te houve pela dor,
      Pela paciência, mas piedade para os mais!
    Coração, sangra a veia mais amarga por
      Esses inconfessos, inconfortados, os demais –
Não, não inconfortados, a Providência bem-luz-vinda,
O dedo de uma doce, oh delicadeza de pluma, a que o seio em paz
    De uma virgem poderia obedecer, ser um sino, soar e ainda
Reunir o rebanho! é o naufrágio a colheita, é para ti o grão que a tempestade vai depor?

32

      Eu te admiro, prócer da procela,
      Do Arquidilúvio, do dano do ano;
      Rochedo e rachadura, vala e vela,
      O dique, o cais e o oceano;
Mas que estancas e extingues uma mente movente;
  Grão e granito do ser: além do humano
    Desígnio, Deus, entronizado à frente
Da Morte com soberania que prevê mas provê, se vela mas nos vela.

33

With a mercy that outrides
The all of water, an ark
For the listener; for the lingerer with a love glides
Lower than death and the dark;
A vein for the visiting of the past-prayer, pent in prison,
The-last-breath penitent spirits – the uttermost mark
Our passion-plungèd giant risen,
The Christ of the Father compassionate, fetched in the storm of his strides.

34

Now burn, new born to the world,
Double-naturèd name,
The heaven-flung, heart-fleshed, maiden-furled
Miracle-in-Mary-of-flame,
Mid-numberèd He in three of the thunder-throne!
Not a dooms-day dazzle in his coming nor dark as he came;
Kind, but royally reclaiming his own;
A released shower, let flash to the shire, not a lightning of fire hard-hurled.

33

Com mercê sobressai
Da massa das marés, uma arca
Para quem ouve, para o moroso de amor cai
Mais baixo do que a morte abarca;
Veia viva para a visita das prece-presas, aquém-amém,
Das expirantes penitentes almas – derradeira marca,
Nosso gigante passio-inspirado que revém,
Pulsando à procela dos seus passos, o Cristo de um piedoso Pai.

34

Arde em todo o orbe, neo-nado,
Duplo nome da chama,
Céu-posto, coração-carnato, virgencasulado
Milagre-em-Maria-de-flama,
Dois-numerado Ele em três do trovão-trono!
Não clarão do dia-do-Juízo, nem breu do céu quando chama;
Gentil mas régio, a demandar o de que é dono;
Suave chuva, aclare o are, não-fogo de fulgor raio-lançado.

35

    Dame, at our door
    Drowned, and among our shoals,
Remember us in the roads, the heaven-haven of the Reward:
    Our King back, oh, upon English souls!
Let him easter in us, be a dayspring to the dimness of us, be a crimson-cresseted east,
More brightening her, rare-dear Britain, as his reign rolls,
    Pride, rose, prince, hero of us, high-priest,
Our hearts' charity's hearth's fire, our thoughts' chivalry's throng's Lord.

35

  Ó Dama, em tanta dor
  Deposta, em nossa areia,
 Revive em tuas vias, no seio-céu do Valor:
  Que o nosso Rei retorne à aldeia!
Que ressurreine em nós, arcoirize nossa treva, seja um rubrolume
 Leste,
Iluminando-a, à rara-e-cara Bretanha, enquanto Seu reino campeia
 Orgulho, rosa, príncipe, herói nosso, arcipreste,
Fogo do lar do amor dos corações, dos regimentos dos nossos pensamentos
 Grão-Senhor.

(1876)

OBRAS DE AUGUSTO DE CAMPOS

POESIA

O Rei Menos o Reino, São Paulo, edição do autor, 1951.
Poetamenos (1953), 1ª edição na revista-livro *Noigandres* nº 2, 1955, São Paulo, edição dos autores (2ª edição, São Paulo, Edições Invenção, 1973).
Antologia Noigandres (com Décio Pignatari, Haroldo de Campos, Ronaldo Azeredo e José Lino Grünewald), São Paulo, edição dos autores, 1962.
Linguaviagem (cubepoem), limited edition of 100 copies, designed by Philip Steadman, Brighton, England, 1967; versão original, edição do autor, São Paulo, 1970.
Equivocábulos, São Paulo, Edições Invenção, 1970.
Colidouescapo, São Paulo, Edições Invenção, 1971.
Poemóbiles (1968-74), poemas-objetos manipuláveis, em colaboração com Julio Plaza, São Paulo, edição dos autores, 1974 (2ª edição, São Paulo, Brasiliense, 1985).
Caixa Preta, poemas e objetos-poemas em colaboração com Julio Plaza, São Paulo, edição dos autores, 1975.
▼|▼▲ ▼▲|▲ (Poesia 1949-79), São Paulo, Duas Cidades, 1979 (2ª edição, Brasiliense, 1986).
Expoemas (1980-85), serigrafias de Omar Guedes, São Paulo, Entretempo, 1985.
Não, poema-xerox, edição do autor, 1990.
Poemas, antologia bilingüe, a cargo de Gonzalo M. Aguilar, Buenos Aires, Instituto de Literatura Hispanoamericana, 1994.
Despoesia (1979-1993), São Paulo, Perspectiva, 1994.
Poesia é Risco (livro CD), antologia poético-musical, de O Rei Menos o Reino a Despoemas, em colaboração com Cid Campos, Rio de Janeiro, Polygram, 1995.

ENSAIOS DIVERSOS

ReVisão de Sousândrade (com Haroldo de Campos), São Paulo, Edições Invenção, 1964 (2ª edição, ampliada, São Paulo, Nova Fronteira, 1982).

Teoria da Poesia Concreta (com D. Pignatari e H. de Campos), São Paulo, Edições Invenção, 1965 (2ª edição, ampliada, São Paulo, Duas Cidades, 1975; 3ª edição, Brasiliense, 1987).

Sousândrade – Poesia (com H. de Campos), Rio de Janeiro, Agir, 1966; 3ª edição, revista, 1995.

Balanço da Bossa (com Brasil Rocha Brito, Julio Medaglia, Gilberto Mendes), São Paulo, Perspectiva, 1968 (2ª edição, ampliada: *Balanço da Bossa e Outras Bossas*, 1974).

Guimarães Rosa em Três Dimensões (com H. de Campos e Pedro Xisto), São Paulo, Comissão Estadual de Literatura, Secretaria da Cultura, 1970.

ReVisão de Kilkerry, São Paulo, Fundo Estadual de Cultura, Secretaria da Cultura, 1971 (2ª edição, ampliada, São Paulo, Brasiliense, 1985).

Revistas Revistas: os Antropófagos, introdução à reedição fac-similar da *Revista de Antropofagia*, São Paulo, Abril / Metal Leve S.A., 1975.

Reduchamp, com iconogramas de Julio Plaza, São Paulo, Edições S.T.R.I.P., 1976.

Poesia, Antipoesia, Antropofagia, São Paulo, Cortez e Moraes, 1978.

Pagu: Vida-Obra, São Paulo, Brasiliense, 1982.

À Margem da Margem, São Paulo, Companhia das Letras, 1989.

TRADUÇÕES E ESTUDOS CRÍTICOS

Dez Poemas de e. e. cummings, Rio de Janeiro, Serviço de Documentação-MEC, 1960.

Cantares de Ezra Pound (com D. Pignatari e H. de Campos), Rio de Janeiro, Serviço de Documentação-MEC, 1960.

Panaroma do Finnegans Wake (com H. de Campos), São Paulo, Comissão Estadual de Literatura, Secretaria da Cultura, 1962 (2ª edição, ampliada, São Paulo, Perspectiva, 1971).

Poemas de Maiakóvski (com H. de Campos e B. Schnaiderman), Rio de Janeiro, Tempo Brasileiro, 1967 (2ª edição, ampliada, São Paulo, Perspectiva, 1982).

Poesia Russa Moderna (com H. de Campos e B. Schnaiderman), Rio de Janeiro, Civilização Brasileira, 1968 (2ª edição, ampliada, São Paulo, Brasiliense, 1985).

Traduzir e Trovar (com H. de Campos), São Paulo, Papyrus, 1968.

Antologia Poética de Ezra Pound (com D. Pignatari, H. de Campos, J. L. Grünewald e Mário Faustino), Lisboa, Ulisséia, 1968.

ABC da Literatura, de Ezra Pound (com José Paulo Paes), São Paulo, Cultrix, 1970.

Mallarmargem, Rio de Janeiro, Noa-Noa, 1971.

Mallarmé (com D. Pignatari e H. de Campos), São Paulo, Perspectiva, 1978.
O Tygre, de William Blake, São Paulo, edição do autor, 1977.
John Donne, o Dom e a Danação, Florianópolis, Noa-Noa, 1978.
Verso, Reverso, Controverso, São Paulo, Perspectiva, 1ª edição 1978; 2ª edição 1988.
20 poem(a)s – e. e. cummings, Florianópolis, Noa-Noa, 1979.
Mais Provençais – Raimbaut e Arnaut, Florianópolis, Noa-Noa, 1982 (2ª edição, ampliada, São Paulo, Companhia das Letras, 1987).
Ezra Pound – Poesia (com D. Pignatari, H. de Campos, J. L. Grünewald e M. Faustino). Organização, introdução e notas de A. de Campos, São Paulo, Hucitec, 1983.
Paul Valéry: A Serpente e o Pensar, São Paulo, Brasiliense, 1984.
John Keats: Ode a um Rouxinol e Ode sobre Uma Urna Grega, Florianópolis, Noa-Noa, 1984.
John Cage: De Segunda a Um Ano, introdução e revisão da tradução de Rogério Duprat, São Paulo, Hucitec, 1985.
40 poem(a)s – e. e. cummings, São Paulo, Brasiliense, 1986.
O Anticrítico, São Paulo, Companhia das Letras, 1986.
Linguaviagem, São Paulo, Companhia das Letras, 1987.
Porta-Retratos: Gertrude Stein, Florianópolis, Noa Noa, 1990.
Hopkins: Cristal Terrível, Florianópolis, Noa Noa, 1991.
Pré-Lua e Pós-Lua, São Paulo, Arte Pau Brasil, 1991.
Rimbaud Livre, São Paulo, Perspectiva, 1992.
Irmãos Germanos, Florianópolis, Noa Noa, 1993.
Rilke: Poesia-Coisa, Rio de Janeiro, Imago, 1994.

COLEÇÃO SIGNOS
(Últimos Lançamentos)

15. *Nada Feito Nada*
    Frederico Barbosa

16. *Bere'shith – A Cena da Origem*
    Haroldo de Campos

17. *Despoesia*
    Augusto de Campos

18. *Primeiro Tempo*
    Régis Bonvicino

19. *Oriki Orixá*
    Antonio Risério

20. *Hopkins: A Beleza Difícil*
    Augusto de Campos

21. *Um Encenador de Si Mesmo: Gerald Thomas*
    Sílvia Fernandes e J. Guinsburg (orgs.)

22. *Três Tragédias Gregas*
    Guilherme de Almeida e Trajano Vieira